Die Autorin **Cora Besser-Siegmund**, geboren 1957, ist Diplom-psychologin und Managertrainerin. Gemeinsam mit ihrem Mann leitet sie in Hamburg das Besser-Siegmund-Institut. Sie hat das Neuro-Linguistische Programmieren (NLP) in Deutschland einem breiten Publikum u. a. durch zahlreiche Seminare, Medienbeiträge und Buchveröffentlichungen bekanntgemacht. Sich selbst bezeichnet sie als «Spezialistin für Gehirnbenutzung».

In der Reihe «NLP – Das Psycho-Power-Programm» sind von Cora Besser-Siegmund im Rowohlt Taschenbuch Verlag bisher erschienen: «Das Rauchen aufgeben» (9956), «Frei von Eifersucht» (9985) und «Entdecken Sie Ihre Kreativität» (60217).

Außerdem erschienen in dieser Reihe vom Autoren-Team Barbara Schott und Klaus Birker: «Cool bleiben» (9603), «Gut drauf sein, wenn's schiefgeht» (9604), «Andere Wege wagen» (9605), «Freunde finden» (9668), «Prüfungsstreß ade» (9669), «Kompetent verhandeln» (9773), «Schüchternheit überwinden» (9774), «Selbstbewußt auftreten» (9905), «Souverän mit Kunden umgehen» (9796), «Mut zur Entscheidung» (9957), «Den Job will ich haben!» (9986) und «Energie tanken» (60 218).

Im Rahmen des Psycho-Power-Programms erschien auch «Was ist NLP? Grundlagen und Arbeitsbegriffe des Neuro-Linguistischen Programmierens» (60199) von Gabriele und Klaus Birker.

Cora Besser-Siegmund

Optimist werden, Optimist bleiben

Positives Denken kann man lernen

NLP – Das Psycho-Power-Programm

Rowohlt

Originalausgabe
Veröffentlicht im Rowohlt Taschenbuch Verlag
GmbH, Reinbek bei Hamburg, Oktober 1997
Copyright/Konzeptidee © 1997 by Rowohlt
Taschenbuch Verlag GmbH, Reinbek bei Hamburg
Redaktion Rosemarie Schwarz
Grafik Walter Werner
Umschlaggestaltung Susanne Heeder
(Foto: Tony Stone IMAGES/Don Bonsey)
Satz Sabon PostScript Linotype Library,
QuarkXPress 3.32
Gesamtherstellung Clausen & Bosse, Leck
Printed in Germany
1290-ISBN 3 499 60351 9

Inhalt

Was ist NLP?

Den Schatz unserer unbewußten Fähigkeiten zu heben, das hatten sich der Informatiker und Psychologe Richard Bandler und der Sprachforscher John Grinder vorgenommen. Die beiden US-Forscher begannen Mitte der siebziger Jahre, unbewußte Verhaltensweisen und Stimmungen zu untersuchen, um herauszufinden, wie sie besser gesteuert werden können. Wie lassen sich Verhaltensweisen von Spitzenkönnern auf andere übertragen? – Diese Frage faszinierte sie, und sie beobachteten jahrelang minuziös eine Reihe von weltbekannten Therapeuten wie Milton Erickson, Fritz Perls und Virginia Satir. Dabei gingen sie von der Annahme aus, daß es wohl am schwierigsten ist, anderen Menschen therapeutische Heilung zu vermitteln. Wem es gelingt, Patienten vom Vorteil eines gesunden Lebens zu überzeugen, so ihre Schlußfolgerung, der muß ein wirkliches Kommunikationsgenie sein! Es gelang ihnen, durch Beobachtung zu ganz neuen Erkenntnissen über körpersprachliche und verbale Signale unseres Unbewußten zu kommen, die es möglich machten, diese bisher unbewußte Steuerung unseres

Verhaltens bewußt wahrzunehmen und zu beeinflussen. Mit Erfahrungen aus der Welt der Informatik, der Sprachforschung und der Computerwissenschaft versuchten die NLP-Erfinder Funktionsweisen des menschlichen Gehirns besser zu verstehen. Die Kernthese des NLP lautet: Alle unsere Erfahrungen werden im Gehirn durch neuronale (neuro) Verknüpfungen gespeichert, die sprachlich (linguistisch) mitgeteilt werden können. Diese Speicherungen (Programmierungen) können verändert werden. Durch das Neuro-Linguistische Programmieren, kurz NLP, können wir unser Verhalten ergründen und positiv beeinflussen. NLP ist die Anleitung zur Ausschöpfung unserer unbewußten Fähigkeiten.

Lebenskunst läßt sich lernen

Ein Optimist ist eigentlich ein Lebenskünstler. Und das Wort Kunst stammt ja auch von «Können» ab. Genau dieses Können aber wird dem Optimisten von seinen Kritikern oft abgesprochen. Man hält den Optimisten vor, sie würden das Leben zu leicht nehmen oder gar naiv sein. Diese Kritik entsteht aber nur dadurch, daß der Optimist einfach fröhlicher und gesünder wirkt als Menschen mit einer entgegengesetzten Lebenseinstellung. Psychologische Untersuchungen zeigen, daß ein Optimist genau wie alle anderen Menschen in Lebenskrisen und Schwierigkeiten geraten kann. Daß er leichter und einfallsreicher mit diesen Situationen zurechtkommt, liegt nicht daran, daß er es sich leicht macht, sondern daran, daß er bessere Bewältigungsmechanismen kennt und unbewußt nutzt.

Deshalb handelt dieses Buch nicht nur von der Sonnenseite des Lebens. Es zeigt auf, wie man auch schwierige Lebensmomente durch optimistische Lebenskunst erleichtern kann, wie man in Krisen neue

Erfahrungen sammelt und wie man immer wieder Lösungswege für ein reiches und gesundes Leben findet.

Optimismus wird uns nicht in die Wiege gelegt. Man lernt diese besondere Art, auf die Welt zu schauen, wie das Radfahren oder eine Fremdsprache. Unsere Muttersprache beispielsweise verinnerlichen wir ganz nebenbei – ohne Vokabelhefte oder Sprachlabors. Eine Fremdsprache hingegen erarbeitet man sich mit Hilfe von Büchern, Lehrern oder Kassettenprogrammen. Ebenso kann es sein, daß ein Kind in eine Familie mit überwiegend optimistischen Menschen hineingeboren wird – dann hat es den Optimismus wie die Muttersprache «ganz nebenbei» erlernt. Ist man jedoch überwiegend in einer Atmosphäre negativer Sichtweisen groß geworden, muß man als Erwachsener noch einmal die «Optimisten-Schule» besuchen, um diese zunächst fremde Sichtweise des Lebens zu erlernen.

Wir finden es ungewöhnlich, unser Gehirn auch für normalerweise so individuelle Angelegenheiten wie eine Weltanschauung zu benutzen. Doch eine Mutter würde bei der Schulanmeldung ihres Kindes ja auch nicht zur Lehrerin sagen: «Schreiben wird mein Kind allerdings nicht lernen, geben Sie sich da gar keine Mühe. Denn das konnte es schon von Geburt an nicht.» Ihnen als Leser dieses Buches kann ich ein optimistisches Versprechen geben: Jeder, der das Schreiben gelernt hat, kann mit dem entsprechenden Mentaltraining auch ein Optimist werden und bleiben.

Ich wünsche Ihnen viel Spaß und Erfolg mit diesem Buch.

Cora Besser-Siegmund

So funktioniert das Psycho-Power-Programm

Optimismus ist in der Tat eine Einstellungssache. Aber wo, bitte schön, befindet sich der Knopf in uns, mit dem wir Optimismus einstellen können? Die Antwort ist: Einen Knopf gibt es hierfür nicht, aber ein Organ! Auch der größte Pessimist kann nicht abstreiten, daß jeder Mensch ein Gehirn hat. Und genau dieses Gehirn entscheidet darüber, wie wir die Welt, in der wir leben, subjektiv interpretieren.

Die Gehirnforscher sind sich heute darüber einig, daß alle Wahrnehmungen, die wir sehen, hören, fühlen, riechen oder schmecken, von unserem Gehirn registriert werden. Menschen nehmen in ein und derselben Situation also genau das gleiche wahr. Individuell sind jedoch die Empfindungen, die vom Erlebten ausgelöst werden. Diese von Mensch zu Mensch unterschiedlichen Bewertungen der Welt basieren auf sogenannten Wahrnehmungsfiltern. Erst sie sorgen dafür, daß wir die verschiedenen Eindrücke in unserem Kopf sortieren und nicht von zigtausend Sinnesreizen gleichzeitig überschwemmt werden. Ich möchte Ihnen diesen Zusammenhang mit einem Witz verdeutlichen:

Zwei Freunde treffen sich. «Paul, warum guckst du denn so finster?» fragt der eine. «Ach, ich habe vorgestern im Lotto eine Million gewonnen», antwortet Paul mürrisch. «Aber freust du dich denn gar nicht?» – «Du weißt ja noch nicht, was gestern passiert ist. Meine Tante in Australien ist gestorben und hat mir ihre ganzen Ländereien vermacht.» – «Mensch, ich würde an deiner Stelle Luftsprünge machen. Junge, hast du ein Glück!» – «Von wegen», zischt Paul den verdutzten Freund an. «Was ist denn dann mit heute? Wie abgeschnitten!»

Dieser Paul hat sowohl den Lottogewinn als auch die Erbschaft wahrgenommen. Diese Ereignisse lösen jedoch keine besonders intensiven Gefühle in ihm aus. Seine persönlichen Wahrnehmungsfilter haben diese Vorfälle in die Mental-Schublade mit der Aufschrift «UNWICHTIG» weitergeleitet. Der dritte, der ereignislose und langweilige Tag wurde unter der Kategorie «BEDEUTEND» abgespeichert. Entsprechend reagiert Paul emotional: er fühlt sich schlecht und vom Schicksal betrogen. Pauls Gehirn ist also im Bereich der Wahrnehmungsfilter nicht auf die emotionale Verarbeitung von Ereignissen eingestellt, die andere Menschen als positiv erleben würden. Es kann die Informationen zwar wahrnehmen, aber es stellt daraus kein lebendiges Gefühl her.

Man kann zu jemandem wie Paul nicht einfach sagen: «Nun sieh es doch mal positiv!» Denn alle Menschen reagieren auf die Welt völlig automatisch mit ihrer entsprechenden Filtertechnik. Die Wahrnehmungsverarbeitung funktioniert also wie eine Art unbewußtes Programm. Es gibt eine Reihe unbewußter Programme, die von unserem Gehirn organisiert werden: der aufrechte Gang, Fähigkeiten wie Auto- oder Radfahren, eine Fremdsprache oder das Einmaleins. Bei den eben genannten Beispielen sind wir jedoch heilfroh, daß sie funktionieren, ohne daß wir darüber nachdenken müssen. Stellen Sie sich vor, Sie müßten täglich den aufrechten Gang neu erlernen – das wäre doch eine Katastrophe!

Manchmal gibt es jedoch «Programme», bei denen uns die bequeme Automatik der Abläufe stört: Verhaltensweisen wie das Rauchen, Gefühle wie beispielsweise Ängste oder eben automatische Gedanken, die unser Wohlbefinden einschränken. Dann wird der Segen der Programmierung zum Ärgernis: ich will gar nicht so handeln, fühlen oder denken, aber mein Gehirn läßt die Programme immer weiter «abspulen». Hier hilft dann nicht der bloße Wunsch, daß alles anders sein soll, sondern das schrittweise Training und Erlernen neuer Verhaltens- und Denkmuster.

In der Einleitung haben Sie bereits gelesen, daß Optimismus gelernt werden kann. Man muß nicht nur Optimist sein wollen, sondern auch sein können. Hierzu bedarf es quasi der Umprogrammierung einiger Ihrer bisherigen Wahrnehmungsfilter – wie der Begriff Neurolinguistisches Programmieren andeutet. In

der Phase der Um- bzw. Neueinstellung Ihrer Wahrnehmungsfilter wird jedoch auch nur mit Wasser ge-
kocht: Sie erfahren, wie Sie durch ein aufbauendes
Mentaltraining Schritt für Schritt zum Optimisten
werden können.

Als erfolgreicher Optimist werden Sie jedoch nach
dem Durchlaufen dieses Trainings Ihre Gedanken und
Ihre Wahrnehmung nicht mehr permanent überprüfen
müssen. Denn nach nur wenigen Wochen des Ein-
übens neuer Sicht- und Denkweisen wird Ihnen der
Optimismus, wie der aufrechte Gang, in Fleisch und
Blut übergehen: Sie werden in der Welt automatisch
mehr Chancen und Möglichkeiten für Ihr persönliches Lebensglück wahrnehmen. Ist dieser Zustand
eingetreten, sind Sie nicht nur ein Optimist geworden,
sondern bleiben auch einer.

Was ist eigentlich Optimismus?

Warum ist es überhaupt erstrebenswert, Optimist zu sein? Welche Motive sprechen dafür, einer zu werden? Um diese Fragen zu beantworten, sollte man sich das Wesen des Optimismus nochmals vergegenwärtigen. Im Lexikon steht zu diesem Thema:
«Optimismus: im Unterschied zu Pessimismus, Skeptizismus, Nihilismus die Grundhaltung, die durch eine positive, bejahende Beurteilung und Wertung von Welt, Leben, von Leistungen und Möglichkeiten des Menschen, von Kultur, Geschichte, Fortschritt, von Realisierbarkeit, von Freiheit und Utopie bestimmt ist. Sie geht von der seinsmäßigen Gutheit der Welt aus oder gründet sich auf die Annahme, daß Fortschritt möglich ist.»
In dieser Beschreibung finden sich so subjektive Begriffe wie «Grundhaltung», «Beurteilung», «Wertung» und «Annahme». Der Optimist will also nicht beweisen, daß die Welt gut ist – er hat vielmehr einen Weg gefunden, gezielt die positiven Möglichkeiten im Leben aufzunehmen und auf sich wirken zu lassen. Interessanterweise bleiben Optimisten oft bis ins hohe Lebensalter bei ihrer Sichtweise – auch und besonders dann, wenn sie Lebenskrisen durchmachen.

Was könnte nun ein Motiv für lebenslangen Optimismus sein? Die beste Antwort auf diese Frage gab mir meine Klientin Christa, die ihr neues, optimistisches Lebensgefühl nach einer Therapie so beschrieb: «Ich nehme jetzt alles viel leichter und fühle mich sogar in Momenten gut, die mich früher deprimiert oder geärgert hätten. Wissen Sie was? Ich habe einfach überhaupt keine Lust mehr dazu, mich schlecht zu fühlen.»

Diesen Satz muß man sich einmal auf der Zunge zergehen lassen: Da hat jemand keine Lust mehr auf schlechte Gefühle. Das kann nur dann funktionieren, wenn ein Mensch Lebenslust deutlich spüren kann. Schöne Sachen wollen wir immer gern behalten – da wird es verständlich, warum Christa sich nicht freiwillig öfter schlecht fühlen will als unbedingt nötig. Optimisten entwickeln nämlich ein glückliches Grundgefühl, auf das sie sich emotional immer wieder einpendeln. Dieses angenehme Grundgefühl wird ständig durch die Rückmeldungen der auf «Optimismus» eingestellten Wahrnehmungsfilter über positive Neuigkeiten in der Welt und im Leben verstärkt. Auf diese Weise produziert sich der Optimist selbst viele kleine und große Glückserlebnisse.

Was entsteht, ist ein «Engelskreislauf». Die qualitativ guten Wahrnehmungen verursachen angenehme Emotionen. Als Folge reagiert das Gehirn mit einer veränderten Aktivität. Der Glücksforscher Richard Davidson von der Madison-Universität in Wisconsin hat herausgefunden, daß sich Glück im vorderen Teil der linken Gehirnhälfte – etwa über der linken Augenbraue – bemerkbar macht. Er hatte die Gehirnströme von mehr als tausend Personen aufgezeichnet und dadurch nicht nur die exakte Stelle der Glückszone im Gehirn gefunden, sondern auch einen Unterschied in der Hirnaktivität zwischen glücklichen und unglücklichen Menschen festgestellt. Von Natur aus glückliche Menschen weisen innerhalb des Glücksfeldes eine hohe Gehirn-Aktivität auf, selbst in emotional neutralen Situationen.

Diese positive Gehirnaktivierung hat entsprechende Folgen: das Gehirn wird organisch in die Lage versetzt, kreative Gedanken zu produzieren. Es funktioniert tatsächlich anders als im unglücklichen Erleben. Im gestreßten, unglücklichen Gefühlszustand wird der Gedankenfluß blockiert, und man leidet unter dem berühmten «Brett vor'm Kopf». Ein kreativ arbeitendes Gehirn basiert auf einem entsprechenden Gehirnstoffwechsel, der «Gedankenblitze» und somit das berühmte «helle Köpfchen» ermöglicht. So ergibt sich ein Engelskreislauf: ein optimistischer Mensch mit einer dauerhaft aktiven «Glückszone» im Gehirn findet für seine verschiedenen Lebenssituationen wesentlich mehr Ideen und Lösungen und hat daher auch objektiv im Leben mehr Chancen.

«Früher habe ich bei meinen Problemen sofort gedacht: ‹Jetzt ist's aus, da haben wir's wieder›», erinnert sich Christa. «Heute fällt mir sofort der Spruch meiner Patentante ein: ‹Und wenn du glaubst, es geht nicht mehr, kommt irgendwo ein Lichtlein her.› So oberflächlich der sich anhören mag – mir gibt der Spruch sofort einen positiven Kick. Sofort schwindet die Resignation, ich habe das Gefühl, als würde mein Kopf gerade werden, und meine Gedanken suchen lebhaft nach dem «Lichtlein» – und ich seh tatsächlich viel mehr Möglichkeiten, die mir vorher gar nicht aufgefallen wären.»

Optimismus trainiert also die Aktivität der «Gehirn-Glücksfelder», erhöht Ihre Kreativität und gibt Ihnen auf diese Weise die Möglichkeit, stets eine Fülle von Lösungen für Ihre Lebensgestaltung zu finden. Deshalb kommt der Optimist auch tatsächlich besser zurecht. Er entwickelt eine höhere Lebenstüchtigkeit und fühlt sich im Leben weniger hilflos als ein Nicht-Optimist.

Der Optimist ist Realist

Die Gegner des Optimismus stimmen dieser Aussage nicht zu. Ganz im Gegenteil – dem Optimisten wird oft vorgeworfen, sich etwas «schönzugucken», negative Eindrücke zu verdrängen und somit schlichtweg weltfremd zu sein. Daß dem nicht so ist, möchte ich Ihnen anhand der Geschichte vom berühmten Wasserglas verdeutlichen:

In einem Raum steht ein zur Hälfte gefülltes Wasserglas. Da kommt ein durstiger Jogger herein, sieht das Glas und seufzt enttäuscht: «Das ist ja halb leer!» Danach kommt ein zweiter durstiger Jogger in den Raum, sieht das Glas und ruft erfreut: «Prima, das ist ja halb voll!»

Der zweite Jogger in dieser Geschichte repräsentiert den Optimisten. Bedenken Sie noch einmal seine Aussage: «Das Glas ist halb voll.» Dieser Satz beschreibt die Realität richtig. Er ist weder eine Übertreibung noch eine Verdrängung der Tatsachen. Natürlich hat sich der Optimist mit seiner «Positiv-Brille» einen Ausschnitt der Wirklichkeit herausgefiltert, die in der Mental-Schublade «Die Welt und ihre positiven Möglichkeiten» abgelegt wird. Aber mit dieser Technik wird er noch lange nicht zum weltfremden Phantasten. Denn als solcher würde er sagen: «Toll, ein bis zum Rand gefülltes Glas!» Erst eine derartige Aussage ist eine unrealistische Übertreibung.

Optimisten leben keinesfalls in einer Traumwelt, sondern stehen mit beiden Beinen im realen Leben. Ein Optimist würde beispielsweise nicht von sich sagen: «Ich beherrsche Fremdsprachen perfekt», wenn das gar nicht zutrifft. Er würde vielmehr sagen: «Ich kann gut Englisch» – aber er würde das nur sagen, wenn es auch stimmt. Aber dieses realistische Besinnen auf eine tatsächlich vorhandene Stärke gibt ihm dann die Kraft, sich optimistisch für eine Stelle zu bewerben, bei der Englisch als Fremdsprache erwünscht ist. Sein Mitbewerber hingegen konzentriert sich ganz stark auf den Gedanken, daß er sich am Computer nicht so fit fühlt, und ignoriert alle seine vorhandenen Fähigkeiten. Entsprechend verkrampft wird er beim Vorstellungsgespräch wirken.

Der Optimist verwandelt also realistische Wahrnehmungen von positiven Ereignissen in Gefühle, die ihm Kraft geben. Und diese charakteristische Form der Realitätsverarbeitung verschafft ihm dann in Krisen mehr Möglichkeiten als dem Kandidaten mit der «halb leer»-Aussage. Denn der Optimist klickt sich mit seiner speziellen Filtertechnik der Realität wieder in seinen Engelskreislauf ein: Sicher reicht auch einem Optimisten das halbgefüllte Wasserglas nicht aus, um seinen Durst zu stillen. Aber seine Freude beim Anblick der «positiven Realität» belebt die Gehirnaktivität in seinem Glückszentrum. Er erlebt einen subjektiven Kraftzuwachs und kann jetzt bei der Suche nach einem ausreichenden Durstlöscher länger durchhalten.

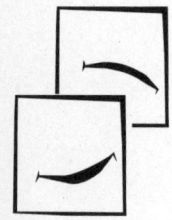

Der andere Jogger hingegen reagiert mit Enttäuschung. Enttäuschung hat Mutlosigkeit zur Folge: man fühlt sich, als habe man «Pudding in den Knien». Dann fehlt der nötige Elan, um die Suche nach weiteren «Quellen» mit der optimalen Durchhaltekraft fortzusetzen.

Wenn Sie Lust haben, können Sie schon jetzt Ihre Wahrnehmungsfilter mit dem «Wasserglas-Training» auf Optimismus schulen. Wenn Sie dieses Kapitel beendet haben, schauen Sie sich bitte Ihre Umgebung oder sich selbst an, und gehen Sie auf «halb voll»-Suche. Konzentrieren Sie sich vor allem auf die scheinbar größten Selbstverständlichkeiten. Ich möchte Ihnen hierzu ein Beispiel geben: Ich tippe diese Zeilen im Winter. Unter meinem Schreibtisch ist an der Wand ein Heizkörper befestigt, der eine angenehme Wärme auf meine Beine abgibt. Mir fällt dazu ein, daß ich früher einmal zwei Jahre lang in einem Häuschen mit Ofenheizung gelebt habe, und erinnere mich kurz an die Umstände, die eine solche Heizung mit sich brachte: Kohlen schleppen, Asche fegen usw. Dann spüre ich wieder die Wärme an meinem Schreibtisch und denke: «Ach wie schön, eine saubere Zentralheizung.»

Es ist bei diesem «Wasserglas-Training» nicht erfor-

Positive Realität

Einem Pessimisten erscheint das Glas halb leer;
für einen Optimisten ist es jedoch halb voll.
Diese positive Realität steigert seine Kräfte.

derlich, in einen überschwenglichen Glückstaumel zu verfallen oder in inbrünstige Dankgebete zu versinken. Sie sollen damit nur ein nettes, kleines Zufriedenheitsgefühl trainieren, nach dem Motto: «schön», «nett», «angenehm». Das reicht völlig aus. Bedenken Sie: Der Optimist übertreibt nicht, er ist ein Realist. Weitere Themen für Ihr Wasserglas-Training könnten sein:

- der Gedanke an Ihr funktionierendes Auto
- das Wahrnehmen positiver Körpermerkmale wie Naturlocken, Augenfarbe, wohlgeformte Füße
- der schöne Blick aus dem Fenster
- der Gedanke an Ihr gesundes Kind
- usw.

Selbstverständlich sind dies nur Beispiele, von denen ich nicht weiß, ob sie auf Sie individuell zutreffen. Aber das Prinzip ist sehr einfach: Konzentrieren Sie sich auf angenehme und positive Dinge im Hier und Jetzt, die Sie heute sinnlich wahrnehmen und würdigen können. Nur drei Minuten Wasserglas-Training am Tag schult Ihre Wahrnehmungsfilter spürbar auf Optimismus.

Innerer Perfektionismus

Inzwischen wissen Sie es schon: Optimisten sind Menschen, die die Aktivität ihrer «Glückszonen» im Gehirn pflegen, sich somit im Engelskreislauf bewegen und damit ihre realen Chancen auf Lebensglück erweitern. Erinnern Sie sich noch einmal an Christa, die keine Lust mehr auf schlechte Gefühle hatte. Es ist typisch für Optimisten, daß sie ihr Glückszentrum wie eine wertvolle Pflanze pflegen, die immer rechtzeitig begossen wird und im optimalen Klima und Licht steht.

Das bedeutet nicht, daß Optimisten immun gegen negative Gefühle sind. Ganz im Gegenteil: Sie nehmen sehr sensibel wahr, wenn in ihrem Glückszentrum das Licht ausgedreht werden soll. Sie akzeptieren aber die dann einschleichende Dunkelheit nicht hilflos, sondern arbeiten so lange, bis die «Lichtlein» wieder leuchten. In diesem Punkt legen sie Wert auf Perfektionismus. Ihnen ist das Leben mit einem aktiven «Glückszentrum» einfach so wertvoll geworden, daß sie auch um ihr Glück kämpfen und dafür eintreten. Sie sitzen nicht nur milde lächelnd da und sagen lasch: «Wird schon werden», sondern werden auch aktiv. Insofern können Optimisten im entscheidenden Moment auch die Zähne zeigen, wenn es um die Wahrung ihrer Interessen geht. «Früher habe ich für die äußere Harmonie gelebt und inneres Chaos in Kauf genommen. Heute liebe ich meine innere Harmonie und riskiere dafür auch mal Chaos um mich herum», beschrieb einer unserer Klienten seine Entwicklung.

So sorgsam geht der Optimist also mit seinem Inneren um. Seine Außenwirkung scheint diesem inneren Perfektionismus aber oft zu widersprechen. Denn in Leistungen ist der Optimist nicht immer perfekt. Er macht zwar alles optimal gut und richtig, ist aber nur gelegentlich perfekt. Für diesen Widerspruch gibt es eine einleuchtende Erklärung: Menschen, die in ihren äußeren Leistungen perfekt sind, zahlen sowohl auf der Gefühls- als auch auf der Körperebene oft einen hohen Preis. Ihnen ist das Ergebnis ihrer Arbeit wichtiger als das allgemeine Wohlbefinden. Sie lassen im schlimmsten Fall ihr Innerstes verkommen, damit das Äußere stimmt. «Der geht über seine eigene Leiche», sagt der Volksmund in einem solchen Fall. Das würde dem Optimisten mit seinem «inneren Perfektionismus» nie passieren.

Warum kommen die «äußeren Perfektionisten» so schnell an ihre Reserven? Weil sie immer alle Aufgaben hundertprozentig erledigen wollen. Manchmal ist das auch erforderlich. Es ist z. B. sinnvoll, die Sicherheitsbestimmungen in einem Atomkraftwerk hundertprozentig einzuhalten oder bei der Buchhaltung genauestens auf den Pfennig zu achten. Aber in der

Hausarbeit, bei der Kindererziehung oder auch beim Bücherschreiben ist ein Ergebnis von 95 Prozent auch schon sehr, sehr gut.

Vergleichen wir die Energie eines Menschen einmal mit einem Kraftstoff, den man in Litern messen kann. Stellen Sie sich einen vollen Energietank mit 60 Litern Fassungsvermögen vor, davon sind 10 Liter Reserve. Um nun eine Aufgabe optimal zu bearbeiten, benötigt man 30 Liter Energie. Damit ist die Aufgabe zu 95 Prozent – und somit zufriedenstellend – erledigt. Um auch die letzten fünf Prozent zu schaffen, müßte man nun nochmals 30 Liter verbrauchen. Der Optimist würde für die letzten fünf Prozent keine 30 Liter Energie mehr einsetzen. Es ist für seinen inneren Perfektionismus zu riskant, für eine derartig winzige Verbesserung einen so hohen Preis zu bezahlen und die Reserven völlig aufzubrauchen. Er möchte den noch halbvollen Tank lieber für weitere Aufgaben bereithalten.

Gehen Sie sparsam mit Ihren Reserven um

Der Optimist achtet also auf das, was er geschafft hat, und nicht auf das, was fehlt. Auf diese Weise schützt er verantwortungsvoll die Reserven von Körper und Seele, sie sind ihm wertvolle Kostbarkeiten. Er würde seine Energien nie wie Konfetti im Leben herumwerfen und hat ein gutes Gespür für die richtigen Momente zum Auftanken entwickelt.

Sie können schon heute damit anfangen, zum «inneren Perfektionisten» zu werden, indem Sie zu jeder vollen Stunde einen «Care-Moment» einlegen. Ich be-

Der optimale Energiehaushalt

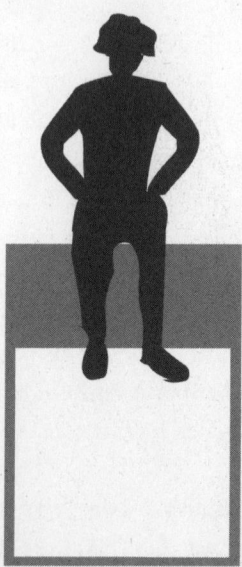

Der innere Perfektionist behält immer ausreichend Kraftstoff im Tank.

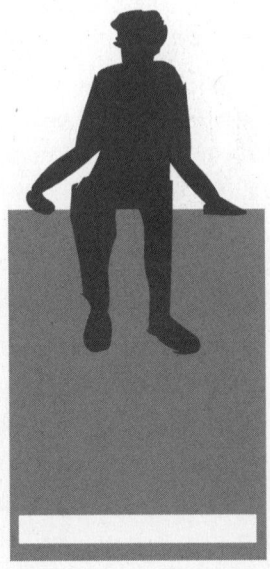

Der äußere Perfektionist fährt seinen Energietank bis zum letzten Tropfen leer.

nutze dieses englische Wort, weil es im Deutschen keinen vergleichbaren Ausdruck gibt, der die Begriffe «Sorge», «Sorgfalt», «Pflege» und «Achtsamkeit» in sich vereint. Dieser Care-Moment gilt Ihrem gesamten Wohlbefinden. Ihr subjektives Wohlbefinden wird letztendlich von Ihrem Gehirn gemeldet. Daher möchte ich Ihnen kurz schildern, aus welchen Elementen Ihr Gehirn so ein komplexes Gebilde wie subjektives Wohlbefinden zaubert.

Unser Gehirn ist das Organ, das unsere Sinneswahrnehmungen verarbeitet: Sehen, Hören, Fühlen, Riechen und Schmecken. Man spricht im NLP von den «Sinneskanälen» der Wahrnehmungsverarbeitung. Das subjektive Wohlbefinden kann über jeden Sinneskanal gesteigert werden. Sie selbst kennen dazu viele

Beispiele aus dem Alltag. Man hört zum Beispiel ein paar Takte von einem Lied, das man vor Jahren einmal in einem schönen Moment gehört hat – schon er-

füllt einen für einen kurzen Augenblick das Gefühl dieses besonderen Moments. Man riecht einen Duft –

und schon erinnert man sich an einen Urlaub im Süden. Nur eine kleine Wahrnehmung auf einem der Kanäle reicht aus, um dem gesamten Wohlbefinden einen positiven Kick zu geben.

So funktionieren die «Care-Momente»:

- Verabreden Sie sich mit sich selbst täglich immer zur vollen Stunde, um einen Care-Moment einzulegen.

- Überlegen Sie dann, auf welchem Sinneskanal Sie jetzt etwas wahrnehmen können, was Ihr subjektives Wohlbefinden bereichert. Das könnte sein:

1. Im Bereich *Sehen*: eine angenehme Farbe, der schöne Blick aus dem Fenster oder ein Foto mit Menschen, die Sie gern mögen.

2. Im Bereich *Hören*: eine Melodie, Vogelgezwitscher, der eigene Atem. Sogar Straßenlärm oder das Geräusch eines Flugzeugs kann einen positiven Einfluß haben: Überlegen Sie z. B., wer jetzt in diesem Auto oder Flugzeug fährt oder fliegt. Stellen Sie sich dann vor, dieser Mensch wäre auf dem Weg in den Urlaub. Worauf freut er sich da besonders? Auf die Landschaft, das Essen, die Menschen? Und schon sind Sie bei aufbauenden Gedanken.

3. Im Bereich *Fühlen*: Hier können Sie sehr schnell einen positiven Kick bekommen, indem Sie einfach einmal auf Ihre Haltung achten. Sind die Schultern hochgezogen? Lockern Sie die Anspannung. Sitzen Sie abgeknickt auf einem Stuhl? Biegen Sie das Kreuz nach hinten durch. Beanspruchen Sie die Kiefernmuskeln? Lassen Sie die Kinnlade fallen und genießen die Entspannung im Gesicht.

4. Im Bereich *Riechen*: Auch hier kann man einen schnellen Effekt genießen. Riechen Sie z. B. an Ihrem Lieblingsparfüm, an einem frischen Apfel, oder zünden Sie sich ein Räucherstäbchen an. Sie können auch nur an einen Duft denken: an Ihr

Lieblings-Sonnenöl, an den Geruch von Meer oder Jasmin usw.

5. Im Bereich *Schmecken*: Genießen Sie ganz gezielt einen Bonbon oder eine andere Köstlichkeit, deren Geschmack etwas Angenehmes transportiert: Pfefferminz, Lakritze, Schokolade, eine Olive. Wenn Sie dieses Geschmackserlebnis bewußt erleben, werden Sie feststellen, daß dadurch Ihre vielleicht vorhandenen Naschgelüste reduziert werden: lieber einmal richtig wahrnehmen als zwanzigmal «so nebenbei». Das macht viel «satter».

Übrigens: Äußere Perfektionisten ignorieren manchmal regelrecht ihren Körper und vergessen über Stunden, sich sinnvoll zu ernähren. Ein derartiges Eßverhalten verursacht schlechte Laune, da unser Gehirnstoffwechsel auf den Entzug empfindlich reagiert. Bei regelmäßiger und gesunder Ernährung hingegen gedeiht Ihr Optimismus besonders prächtig, da Ihr Gehirn regelmäßig seine «Wohlfühl-Stoffe» bekommt. Überprüfen Sie in Ihren «Care-Momenten» auch, ob die richtige Zeit für eine kleinere oder größere Mahlzeit ist.

Tips zur Durchführung:

- Sollten Sie am Computer arbeiten, können Sie jede Stunde automatisch ein Motiv auf dem Bildschirm auftauchen lassen, das Sie an den «Care-Moment» erinnert.

Der Care-Moment

**Schulen Sie Ihre Wahrnehmungsfilter und trainieren Sie
Ihren inneren Perfektionismus.**

- Vielleicht wohnen Sie in der Nähe einer Kirchturmuhr. Dann läutet es stündlich zum «Care-Moment».
- Selbstverständlich können Sie sich auch einen eigenen Rhythmus wählen, der besser zu Ihnen paßt: Ein Care-Moment pro Stunde ist aber das mindeste.

Mit diesem Care-Moment schulen Sie Ihre Optimisten-Filter: Sie werden staunen, wie Sie jede Stunde auf mindestens einem Sinneskanal etwas entdecken, was Sie zur Steigerung Ihres Wohlgefühls sofort nutzen können. Ihre Wahrnehmung wird auf die Entdeckung von positiven Möglichkeiten geschult. Und ganz nebenbei trainieren Sie Ihren inneren Perfektionismus für Ihr persönliches Wohlgefühl.

Self-fulfilling Prophecy

Dieser englische Begriff bedeutet: die sich selbst erfüllende Prophezeiung. Da sich das auf deutsch etwas holperig anhört, bleibe ich bei dem englischen Fachbegriff. Er beschreibt, daß Menschen sehr oft tatsächlich erleben, was sie sich in Gedanken als zukünftiges Ereignis ausmalen. Das liegt aber nicht an der Magie der Gedanken oder des Zufalls. Man hat vielmehr herausgefunden, daß die meisten Menschen ihr Verhalten unbewußt ihren individuellen Zukunftsprophezeiungen anpassen.

Ich war einmal bei einer Teambesprechung als Gesprächsleitung dabei. Die dreißigjährige Eva beklagte sich bitter darüber, daß sie sich von den drei anderen Teampartnern immer so ausgeschlossen fühle: «Ihr bezieht mich einfach nie mit ein, sei es im fachlichen Bereich oder wenn ihr miteinander Quatsch macht, ich bin für euch irgendwie durchsichtig!» Die anderen schwiegen betroffen. Schließlich sagte die Kollegin Martina, daß es aber irgendwie auch «immer komisch» mit Eva sei. Die anderen nickten zustimmend. Das daraus folgende, sehr lange Gespräch ergab dann folgendes:

Schon lange, bevor Eva in ihren jetzigen Kollegenkreis

eintrat, hatte sie oft unter Menschen das Gefühl, «außen vor» zu sein. Als sie nun in ihrer jetzigen Firma anfing, dachte sie schon am ersten Tag: «Und wenn mich nun wieder keiner mag?» Dabei rief sie sich innerlich eine Reihe von ablehnend oder gar spöttisch guckenden Gesichtern ab. Diese Gedanken und Bilder hatten offensichtlich Auswirkungen auf Evas Körperhaltung, ihre Stimme, ihre Mimik und ihr Verhalten – und auf ihre Wahrnehmung. «Wenn wir drei

zusammen über irgend etwas lachten, guckte Eva angestrengt auf den Bildschirm ihres PCs», erinnerte sich Hubert. «Sie bekam gar nicht mit, daß wir zu ihr hinüberschauten und eigentlich nur darauf warteten, daß sie mitlachte. Da haben auch wir irgendwann gedacht, daß sie nichts mit uns zu tun haben will. Und wenn man Eva einmal direkt angesprochen hat, wirkte sie richtig nervös. Dabei kam vor allem ich mir richtig blöd vor. Ich bin doch schließlich kein Monster und habe ihr nie etwas getan!»

Eva hatte also gar nicht bemerkt, daß sie mit ihrem eigenen Verhalten bewirkte, daß sich ihre Kollegen genau wie in ihren geheimen Befürchtungen verhielten. Sie nahm nur die Reaktion der Teampartner auf und dachte sich dabei: «Genau, wie ich es befürchtet habe!» Dieses Phänomen nennt man Self-fulfilling Prophecy. Dazu muß man wissen, daß unser Gehirn nicht mit einem «Nein» oder «Nicht» umgehen kann. Machen Sie einmal den Versuch, jetzt nicht an einen Esel zu denken. Sie werden feststellen: sofort taucht dieses Grautier auf Ihrem Gedanken-Bild-schirm auf. Das gleiche passiert, wenn man denkt: «Hoffentlich lehnen die mich nicht ab!» Das Gehirn aktiviert daraufhin alle Erinnerungen, in denen man das Befürchtete schon einmal erlebte, und produziert die entsprechende Mimik und Körperhaltung.

In seinem Buch *Anleitung zum Unglücklichsein* (München: Piper Verlag 1983) zeigt der Schriftsteller Paul Watzlawick auf humorvolle Weise, wie sich Ängste verselbständigen können. Da ist z. B. «Die Geschichte mit dem Hammer»:

«Ein Mann will ein Bild aufhängen. Den Nagel hat er, nicht aber den Hammer. Der Nachbar hat einen. Also beschließt unser Mann, hinüberzugehen und ihn aus-zuborgen. Doch da kommt ihm ein Zweifel: Was, wenn der Nachbar mir den Hammer nicht leihen will? Gestern schon grüßte er mich nur so flüchtig. Vielleicht war er in Eile. Aber vielleicht war die Eile  nur vorgeschützt, und er hat was gegen mich. Und was? Ich habe ihm nichts angetan; der bildet sich wohl etwas ein. Wenn jemand von mir ein Werkzeug borgen wollte, *ich* gäbe es ihm sofort. Und warum er nicht? Wie kann man einem Mitmenschen einen so einfachen Gefallen abschlagen? Leute wie dieser Kerl vergiften einem das Leben. Und dann bildet er sich noch ein, ich sei auf ihn angewiesen. Bloß weil er einen Hammer hat. Jetzt reicht's mir wirklich. – Und so stürmt er hinüber, läutet, der Nachbar öffnet, doch noch bevor er ‹Guten Tag› sagen kann, schreit ihn unser Mann an: ›Behalten Sie sich Ihren Hammer, Sie Rüpel!...‹»

Auf diese Weise hat unser Mann erreicht, daß er von den Nachbarn nur noch kühl behandelt wird.

Machen Sie Ihre eigenen Erfahrungen mit der Self-fulfilling Prophecy. Und zwar sagen Sie sich innerlich: «Heute passiert bestimmt irgend etwas Nettes.» Sie können auch «etwas Schönes oder Angenehmes» denken – je nachdem, welche Wortwahl Ihnen am besten gefällt. Es ist wichtig, daß Sie nicht sagen: «...etwas ganz Tolles», weil Sie dann all die lebenswerten Kleinigkeiten des Alltags übersehen würden. Weiterhin ist das «irgend etwas» im Satz wichtig, damit der Wahrnehmungsrahmen möglichst weit gehalten wird. Nett kann schon sein, daß Sie auf dem Weg zur Arbeit einen schönen Sonnenaufgang sehen oder daß ein Auto hält, wenn Sie am Zebrastreifen warten. Sagen Sie sich diesen Satz, wann immer Sie gehen. Immer wenn Sie einen Fuß vor den anderen setzen, wird dieser Satz schon nach einer Woche automatisch in den Gedanken kreisen. Wichtig ist, daß Sie diesen Zaubersatz – obwohl Sie ihn nur denken – innerlich mit einer freundlichen, optimistischen Stimme hören, ihn vielleicht sogar vorsingen.

Mein Klient Gerd berichtete: «Neulich fuhr ich morgens mit der Bahn zur Arbeit. Neben mir saß eine Oma, die mich die ganze Zeit von der Seite anlächelte. Dann sagte sie zu mir: ‹Sie scheinen hier der einzige zu sein, der sich auf seine Arbeit freut. Gucken Sie sich mal die anderen mürrischen Gesichter hier an!› Ich hatte gar nicht bemerkt, daß ich so zufrieden guckte – und freute mich über die lustige Oma an meiner Seite. Das war wohl alles die Wirkung von diesem kleinen Zaubersatz. Und sofort sagte ich in Gedanken zu mir: ‹Hab ich's doch gewußt, heute passiert etwas Nettes!›»

Optimismus läßt sich trainieren

Die vorigen Ausführungen und Übungsschritte haben Ihre Filter vielleicht schon auf die gezielte Wahrnehmung von positiven Aspekten des Lebens sensibilisiert. Besonders wichtig ist hierbei das Wahrnehmungstraining für die kleinen Highlights des Alltags. Denn man hat festgestellt, daß glückliche und lebensfrohe Menschen diese Kunst des täglichen Genießens besonders gut beherrschen. Der Glücksforscher Ed Diener hat das so ausgedrückt: «Glück ist die Häufigkeit, nicht die Intensität von positiven gegenüber negativen Ereignissen.»

So gibt es beispielsweise Menschen, die ihr Glücklich-Sein einfach vertagen. Sie denken über Jahrzehnte: «Und wenn ich erst einmal in Rente bin…» oder «…wenn ich erst befördert bin» usw. Sie kultivieren keine Care-Momente für ihr persönliches Wohlgefühl, denn das ist ja für später vorgesehen. Stellen Sie sich einmal vor, Sie kaufen sich ein Alpenveilchen. Man erzählt Ihnen, daß die Pflanze täglich etwas Wasser benötigt. Doch Sie denken bei sich: «Was soll dieser tägliche Kleinkram! Ich gebe meinem Alpenveilchen einfach an jedem Monatsersten zehn Liter auf einmal – das kommt doch schließlich aufs gleiche hinaus!» Über eine derartige Pflanzenpflege würde jeder normal denkende Mensch nur den Kopf schütteln. Aber wenn ein Mensch mit seiner Seele so verfährt, scheint ihm der Unsinn überhaupt nicht aufzufallen.

Warum helfen nun optimistisch eingestellte Wahrnehmungsfilter ganz besonders gut beim Glücklich-Sein? Sie ermöglichen dem Optimisten eine sogenannte Selektion in der Wahrnehmung. Im Kapitel zuvor haben Sie schon die Gestaltungskraft der Self-fulfilling Prophecy kennengelernt. Diese kann nur entstehen, wenn man intensive Vorstellungen von den Ereignissen in der Zukunft schon im Kopf hat, bevor die Ereignisse eintreten. Diese inneren Vorstellungen und vorweggenommenen Gefühle haben dann noch einen zusätzlichen Effekt: Sie machen uns gezielt auf Ereignisse aufmerksam, die zu den inneren Bildern besonders gut passen, sie sozusagen bestätigen.

Meine Klientin Marion, Mutter einer kleinen Tochter, konnte diesen Zusammenhang durch eine eigene Beobachtung bestätigen: «Als ich das erste Mal schwanger war, fielen mir plötzlich überall andere schwangere Frauen auf: beim Bäcker, in der U-Bahn, beim Spazierengehen. Das ging nicht nur mir so, sondern auch meinem Mann. Der sagte sogar: ‹Zur Zeit scheinen ja ganz besonders viele Leute Kinder zu kriegen – man sieht ja nur noch Schwangere.› Heute ist unsere Tochter vier Jahre alt. Und wenn Sie mich heute fragen, wann ich zuletzt eine schwangere Frau gesehen habe, würde ich sagen: Das ist schon Monate her.»

Jeder kennt dieses Phänomen: man interessiert sich für ein neues Auto und sieht plötzlich das ausgewählte Lieblingsmodell an jeder Ampel und an jeder Straßenecke. Unser Gehirn sucht also gezielt nach äußeren Bildern, die unseren inneren Vorstellungen gleichen. Diese inneren Bilder, Stimmungen und Gefühle sind wie «Schablonen» in unserem Kopf. Mit einer Art unbewußter Suchautomatik wählt dann unser Gehirn alle Wahrnehmungen aus, die zu dieser Schablone passen. Haben Sie nun Ihre innere Welt auf die Annahme «trainiert», daß «irgendwie jeden Tag etwas Nettes» passiert, speichern Sie schon nach kurzer Zeit eine Reihe von diesen positiven Bildern im Kopf. Und plötzlich setzt die Selektion in der Wahrnehmung ein: Ihre innerlich geschärften Sinne finden auch äußerlich mehr und mehr Bestätigung für die optimistischen Bilder in der Seelenlandschaft.

Trainieren Sie Ihr Gehirn auf positive Wahrnehmung

Auf diese Weise trainieren Sie Ihr Glücksfeld im Gehirn auf eine permanente Aktivität, die bei glücklichen Menschen auch im emotional neutralen Zustand gemessen werden kann. Das «glücksaktive Gehirn» sucht sich also überall eine Bestätigung für seinen Zustand – und findet sie tagtäglich.

Deshalb sind optimistische Menschen mit ihrem Leben subjektiv zufriedener als andere Menschen. Sie jagen dem Glück nicht hinterher, weil sie es ja viel häufiger in ihrer unmittelbaren Nähe wahrnehmen. Wozu jagen, wenn man satt ist? Optimisten bewahren sich auf diese Weise auch ihre gefühlsmäßige Unabhängigkeit von äußeren Kräften: Drogen, Prestige, Erfolg und Anerkennung um jeden Preis. Sie freuen sich zwar über diese Dinge, aber ihr Seelenheil kann auch ohne sie ganz gut existieren.

Sie können Ihr Optimisten-Training jetzt noch weiter intensivieren, indem Sie sich einen Anker für diese Sichtweise des Lebens besorgen. Damit ist nicht etwa der Teil eines Schiffes gemeint, sondern vielmehr etwas, was Sie an Ihren persönlichen Optimismus besonders gut erinnern kann. Die meisten unserer Klienten besorgen sich ein spezielles Optimisten-Schmuckstück. Aber auch jeder wahrgenommene Sinnesreiz kann als Erinnerungsanker wirken: der Duft nach frischem Kuchen erinnert an Oma, ein Musikstück an einen bestimmten Freund. Schmuckstücke eignen sich deshalb besonders gut als Anker, weil man sie am Körper trägt. In der Umgangssprache nennt man einen positiven Erinnerungsanker übrigens Talisman.

Machen Sie dieses Schmuckstück – oder was Sie sich sonst ausgesucht haben – auf diese Weise zum Talisman:

Schritt 1: Immer, wenn Ihnen kleine oder große positive Momente in Ihrem Alltag auffallen, berühren Sie Ihr Schmuckstück und spielen damit. Auf diese Weise werden die Gefühlsnerven immer an dieser Stelle des Körpers aktiviert, wenn Sie etwas Angenehmes erleben. Die allerbeste Wirkung erzielen Sie, wenn Sie das Schmuckstück wirklich nur in den positiven Momenten berühren.

Schritt 2: ergibt sich dann von allein. Schon nach einer Woche fängt Ihr Unbewußtes an, das Gefühl Ihres Schmuckstücks, das ja beim Tragen permanent dem Gehirn gemeldet wird, mit einem grundlegenden optimistischen Gefühl zu verknüpfen. Auf diese Weise bekommt das innere Glücksfeld ständig Impulse. Das wiederum verstärkt die «innere Schablone» für positive Lebensmomente, und die Selektion in der Wahrnehmung wird immer schärfer auf die Wahrnehmung entsprechender Ereignisse geschult.

Optimisten und Pessimisten

Sicher haben Sie auch schon einmal die Argumentation eines überzeugten Pessimisten gehört. Bevor ich darauf eingehe, lesen Sie hier, wie ein Lexikon Pessimismus beschreibt: «dem Optimismus entgegengesetzte... Grundhaltung gegen Welt, Geschichte und Kultur, die dadurch gekennzeichnet ist, daß... jeder (Selbst)entwurf des Menschen für fragwürdig, letztlich sinnlos und zum Scheitern verurteilt gehalten wird».

Echte Pessimisten verteidigen diese Grundhaltung nicht etwa durch das Argument, daß ihre Sicht der Welt mit rationalen Fakten übereinstimme. Sie geben vielmehr als Hauptgrund für ihre Überzeugung an, daß es sich mit dem Pessimismus leichter und einfacher leben ließe – genau wie es auch der Optimist behauptet. Unser Kollege Uwe, der sich als überzeugten Pessimisten bezeichnet, erklärt den Zusammenhang folgendermaßen: «Wenn ich beispielsweise meinen Urlaub plane, gehe ich grundsätzlich davon aus, daß schlechtes Wetter sein wird. Gehe ich in eine Verhandlung, erwarte ich zunächst nur, daß die Gespräche nichts bringen werden. Denn überlegt einmal, was passiert, wenn ich mich auf etwas freue: dann geht mein Wunsch vielleicht nicht in Erfüllung, und es geht mir schlecht. Wenn ich mich aber gar nicht erst freue, kann ich auch nicht enttäuscht werden. Aber geht es dann wider Erwarten doch gut aus, kann ich mich um so mehr freuen! Ich will mir einfach nur das schlechte Gefühl ersparen!»

Viele Pessimisten gehen wie Uwe davon aus, daß sie einen Psycho-Trick gefunden haben, der sie gegen schlechte Gefühle schützt. Doch der Clou ist: Optimisten fühlen sich überhaupt nicht schlecht, wenn etwas danebengeht. Deswegen haben sie auch keine Angst vor Enttäuschung. Bedenken Sie einmal das Wissen, das Sie durch die bisherige Lektüre erworben haben: **Optimisten halten die Fäden zum Lebensglück in der Hand** Optimisten können aufgrund ihrer Wahrnehmungsfilter schon aus «Wahrnehmungs-Kleinigkeiten» gute Gefühle machen. Auf diese Weise pflegen sie ihr Glückszentrum, welches erwiesenermaßen ja auch in emotional neutralen Zeiten eine rege Aktivität zeigt. Das heißt: Optimisten leben von und mit einem positiven Grundgefühl, mit dem sie eh schon zufrieden sind.

Wenn der Optimist sich nun auf ein schönes Ereignis freut, darf dieses ruhig einmal danebengehen. Denn er benötigt diesen positiven Kick nicht, um ein gutes Gefühl zu entwickeln – das hat er ja schon. Vergleichen Sie den Optimisten mit einem Menschen, der sich angenehm satt fühlt. Bietet nun jemand noch zusätzlich eine Leckerei an, wird der Satte sie natürlich genießen – aber eben als Luxus, als angenehmen Zu-

46

satz zum Sattsein. Er erlebt die Leckerei wie ein Geschenk. Sie ist für ihn nicht die langersehnte Mahlzeit nach einer Hungerperiode – und somit für sein gesamtes Wohlbefinden nicht elementar wichtig. Er wäre auch ohne sie satt und ist demnach nicht übermäßig enttäuscht, wenn sie nicht angeboten wird.

Ein Pessimist fühlt sich grundsätzlich schlechter als ein Optimist. Denn auch für ihn gelten die Muster der Wahrnehmungsfilter und des Phänomens «Self-fulfilling Prophecy» – nur umgekehrt. Wie das genau funktioniert, habe ich ja bereits erklärt. Die einzige seelische Stabilität erlebt er durch die Bestätigung: «Hab ich doch gesagt, daß die Welt schlecht ist.» Dieses Bestätigungserlebnis erzeugt paradoxerweise unterm Strich einen positiven Gefühlskick.

Deshalb liebt der Pessimist auch schlechte Nachrichten: Sie geben ihm das beruhigende Gefühl, daß man ja gar nichts dagegen machen kann, daß das Leben nun einmal auf Unglück programmiert ist. Gute Nachrichten hingegen beunruhigen ihn, denn: Könnte es vielleicht doch sein, daß man selbst die Fäden für sein Lebensglück in der Hand hält? Das würde ja bedeuten, daß das schlechte Grundgefühl nicht aus der Welt, sondern aus ihm selbst entstünde. Aus diesem Grund hält der Pessimist sich paradoxerweise mit schlechten Nachrichten emotional über Wasser.

Insgeheim hat aber auch jeder Pessimist eine tiefe Sehnsucht nach Lebensglück. Aber da er Glücksgefühle in seinem Leben nahezu schmerzlich vermißt,

darf er sich auch gar nicht auf schöne zukünftige Ereignisse freuen. Diese Vorfreude würde ihn zwar erleichtern. Aber findet dann das positive Ereignis nicht
statt, fällt er auf den harten und kalten Boden seines
pessimistischen Grundgefühls zurück – und das tut
weh. Der Optimist hingegen fällt bei einem Mißerfolg
ins Netz.

Der Optimist lebt folglich glücklicher und zufriedener
als der Pessimist. Jeder, der ein Optimist werden und
bleiben will, hat sich also – meiner Überzeugung nach
– für den richtigen Weg entschieden.

Krisen meistern

Natürlich macht jeder Mensch in seinem Leben Krisen durch: Krankheit, Trennung, Geldsorgen, Arbeitslosigkeit, Liebeskummer, die Angst vor dem Tod. Nachdem Sie nun im ersten Teil dieses Buches erfahren haben, wie Sie Ihre Wahrnehmungsfilter auf Optimismus einstellen können, lernen Sie im folgenden, wie Sie den Handwerkskoffer des Optimisten in Lebenskrisen einsetzen können.

Es ist keinesfalls so, daß der Optimist gegen seelischen oder körperlichen Schmerz immun ist. Auch er erlebt Momente, wo nicht einmal mehr ein Tropfen im Wasserglas ist. Und als Realist tut er auch nicht so, als wäre das Leben im Unglück eitel Sonnenschein. Aber sein Optimismus ist eine gute Grundlage für die Überwindung von Krisen. Anfangs habe ich den Optimismus mit Fähigkeiten wie dem Schreiben, der Muttersprache oder dem Autofahren verglichen. Stellen Sie sich nun jemanden vor, der Fahrradfahren gelernt hat. Selbst, wenn man sein Fahrrad einmal für ein halbes Jahr stehen läßt, kann er danach immer noch Fahrrad fahren.

Es kann nun aber auch dem besten Fahrradfahrer passieren, daß er über eine Bodendelle fährt, aus dem

Gleichgewicht kommt und in ein Gebüsch stürzt. Doch weder die Bodendelle, das Gebüsch noch die entstandenen Stauchungen und Kratzer können etwas an der Fähigkeit, Fahrrad zu fahren, ändern. Auch wenn unser Kandidat zerkratzt im Gebüsch sitzt, kann er doch Fahrrad fahren.

Ebenso bleiben dem Optimisten seine spezielle Lebenskunst und Lebenstüchtigkeit in der Krise voll erhalten – und führen ihn wieder heraus. Im folgenden Teil erfahren Sie, wie Sie mit Ihrem neuen Handwerkszeug trainieren können.

Übungen für die Psycho-Power

Soforthilfen

Alle Übungen, die Sie bisher gelernt haben, sind auch zur Soforthilfe geeignet, besonders der «Care-Moment». An dieser Stelle möchte ich Ihnen noch zwei weitere Möglichkeiten zeigen, mit denen Sie sich sofort und fast überall einen Optimisten-Kick geben können.

Der Spiegeltrick

Diese Soforthilfe finden Sie in den meisten Anleitungen für eine gelungene Mentaltechnik beschrieben: Schauen Sie in den Spiegel, und nehmen Sie Kontakt zu Ihrem eigenen Konterfei auf. Lächeln Sie sich an, und sagen oder denken Sie dabei irgend etwas Aufmunterndes wie: «Alles ok?», «Hallo, Optimist» oder «Guten Morgen» – oder was Ihnen sonst noch so einfällt. Wichtig ist dabei die freundliche Ansprache, damit Sie immer wieder einen positiven Kontakt zu Ihrem eigenen Ich herstellen, nach dem Motto: «Du und ich, wir zwei schaffen das schon!»

Nun gibt es viele Menschen, die behaupten, daß sie gar nicht so besonders positiv empfinden, wenn sie ihr Spiegelbild erblicken. Vielleicht kennen Sie ja den bekannten Spiegel-Spruch: «Ich kenne dich zwar nicht, aber ich wasche dich trotzdem.» Das liegt meistens daran, daß wir nur noch in den Spiegel schauen, um Falten, Pickel, Bartstoppeln oder Spinat zwischen den Vorderzähnen zu entdecken, die es zu beseitigen gilt. Wir haben verlernt, mit unserem Spiegelbild zu kommunizieren – so wie kleine Kinder es gern stundenlang tun.

Hier gibt es nun einen ganz einfachen Trick, um sich selbst positiv zu erleben: Strecken Sie Ihrem Spiegelbild einfach die Zunge raus, so richtig: «...bäääh-hhh». Ob Sie wollen oder nicht – sie müssen sofort lachen oder grinsen. Denn dieses alte Programm aus der Kindheit ruft alle früheren Ressourcen auf: Frech-Sein, Sich-mutig-Fühlen, Spaß-Haben und einen Hauch von Freiheit. Das Ergebnis: Sie sagen direkt Ihrem Kleinhirn Bescheid, daß es beim Lachen oder Lächeln mithelfen soll. Denn es gibt um die Augen herum eine Reihe von Muskeln, die wir nicht bewußt steuern können. Sie arbeiten nur, wenn unser Klein-

Der Spiegeltrick

Nehmen Sie Kontakt zu Ihrem Spiegelbild auf.

hirn, das eher auf unbewußte Impulse reagiert, diese bestimmten Muskelgruppen aktiviert.

Wenn diese Muskelgruppen beim Lächeln mitarbeiten, reagiert unser Gefühl. Dann finden wir einen Menschen sympathisch – und zwar unbewußt gesteuert. Und wie schön ist es, wenn wir dieser Mensch selbst sind. Dem Zunge-Rausstrecken folgt also unwillkürlich ein Gesichtsausdruck, der das Herz erwärmt, automatisch das Glückszentrum aktiviert und somit den optimistischen Engelskreislauf einschaltet bzw. verstärkt.

Der Kinotrick

Die Lebenskunst des Optimisten besteht darin, daß er oder sie viel mehr Möglichkeiten des Lebens nutzt, denn er glaubt, daß neue Erlebnisse auch positive Impulse geben. Obwohl Optimisten – wie schon beschrieben – gern ein Risiko eingehen, können auch sie in verzagten Momenten Zweifel bekommen, ob sie etwas Neues oder Unbekanntes ausprobieren sollten. Immer wieder verfällt man dem Wunsch, schon vorher ganz genau wissen zu wollen, was auf einen zukommt.

Daß dies aber nicht immer funktionieren kann, möchte ich Ihnen mit dem «Kino-Beispiel» verdeutlichen. Stellen Sie sich vor, jemand lädt Sie ins Kino

ein. Würden Sie da sagen: «Ich kann aber nur mit-
kommen, wenn ich vorher schon ganz genau weiß, ob
mir der Film gefällt. Besorge mir doch bitte das Dreh-
buch, damit ich meine Entscheidung treffen kann.»
Sie merken sofort: Das ist Unsinn. Denn Sie wissen
nie hundertprozentig, ob ein Film Ihnen zusagt – unabhängig davon, ob er gut besprochen wurde oder
Freunde ihn gut fanden. Man kann ein positives Vor-
gefühl haben, sich aber nie sicher sein.
Natürlich wäre es Unsinn, in einen Film zu gehen,
dessen Thema man von vornherein ablehnt. Aber
meistens ist das Ergebnis des persönlichen Urteils
doch offen. Man muß den Film eben gesehen haben –
da helfen kein «Wenn» und «Aber». Nachdem ich
meiner Klientin Barbara einmal diesen Vergleich ge-
schildert hatte, zog sie folgenden Schluß: «Wann immer ich jetzt etwas Neues im Leben ausprobieren
möchte, sage ich mir: ‹Dann hole ich mir eben eine
Karte an der Lebens-Kinokasse und gucke mir den
Film einfach an!› Das hilft mir immer über mein ‹Si-
cherheits-Zögern› hinweg. Wenn ich den Film toll
finde, freue ich mich natürlich. Und wenn ich nicht
zufrieden war, sage ich mir: ‹Auf jeden Fall habe ich
mir den Film angeguckt und kann jetzt mitreden!›»
Probieren Sie's in zögerlichen Momenten aus! Der
«Kinotrick» hilft in vielen Situationen, optimistisch
an etwas Neues heranzugehen.

Der weise Bauer

Sie sollen in diesem Buch auch erfahren, wie der Optimist mit Krisen in seinem Leben konstruktiv umgeht. Ich möchte dieses Thema hier mit der Geschichte vom «weisen Bauern» beginnen:

Eine sehr alte chinesische Tao-Geschichte erzählt von einem Bauern in einer armen Dorfgemeinschaft. Man hielt ihn für gutgestellt, denn er besaß ein Pferd, mit dem er pflügte und Lasten beförderte. Eines Tages lief sein Pferd davon. All seine Nachbarn riefen, wie schrecklich das sei, aber der Bauer meinte nur: «Vielleicht.» Ein paar Tage später kehrte das Pferd zurück und brachte zwei Wildpferde mit. Die Nachbarn freuten sich alle über sein günstiges Geschick, aber der Bauer sagte nur: «Vielleicht.» Am nächsten Tag versuchte der Sohn des Bauern, eines der Wildpferde zu reiten; das Pferd warf ihn ab, und er brach sich ein Bein. Die Nachbarn übermittelten ihm alle ihr Mitgefühl für dieses Mißgeschick, aber der Bauer sagte wieder: «Vielleicht.» In der nächsten Woche kamen Rekrutierungsoffiziere ins Dorf, um die jungen Männer zur Armee zu holen. Den Sohn des Bauern wollten sie nicht, weil sein Bein gebrochen war. Als die Nachbarn ihm sagten, was für ein Glück er hat, antwortete der Bauer: «Vielleicht...»

Man könnte die Geschichte von hier ab immer weiter erzählen. Doch das tut gar nicht nötig: Das Prinzip haben Sie durchschaut. Die Weisheit des Bauern besteht in der Erkenntnis, daß alle Lebensereignisse mindestens zwei Seiten haben. Sogar eine scheinbar schlimme Verletzung wie ein gebrochenes Bein kann Gutes bedeuten, wenn man bedenkt, daß dem Sohn des Bauern dadurch das Leben gerettet wurde. Im NLP nennen wir diese Art der Erlebnisverarbeitung das «Weisheitsdenken». Auch der Volksmund kennt ja den Allerwelts-Ausspruch: «Wer weiß, wozu es gut ist.»

So leicht dieser Spruch auch von den Lippen geht, so tief ist seine besondere Lebensweisheit. Unser Bauer hat sein «Vielleicht» auch nicht immer leichten Herzens gesagt. Er war sicher um die Gesundheit seines Sohnes ernsthaft besorgt und wirklich traurig, als sein Pferd weglief. Aber er wußte eben, daß man nicht heute schon auch alle zukünftigen Aspekte des Lebens kennen kann. Es vergehen manchmal Jahre, bevor ein Mensch einen positiven Aspekt eines Lebensereignisses erkennen kann. Der Dichter Eugen Roth hat das so beschrieben: «Ein Mensch bleibt steh'n und schaut zurück und sieht: sein Unglück war sein Glück.»

Die Universität Hamburg hat Untersuchungen über die Lebenszufriedenheit von älteren Menschen durchgeführt. Interessanterweise gaben die meisten Befrag-

Krisen bereichern das Leben oft

ten an, daß – rückblickend – ihr Leben für sie durch eine schwere Krise wertvoller wurde. Keiner behauptete, daß er sich in der Lebenskrise besonders glücklich gefühlt habe – sei es bei Trennung, Krankheit, Arbeitslosigkeit oder in sonstigen schweren Zeiten. Aber die Wertigkeit von lebenswichtigen Kriterien verändert sich sehr oft. So berichtete beispielsweise einer unserer ehemals krebskranken Patienten, daß ihm nach überstandener Krankheit plötzlich seine Ehe wieder wichtiger war als der Beruf. «Ich hatte die Beziehung zu meiner Frau über Jahrzehnte vernachlässigt», berichtete er rückblickend.

Ähnliches gilt für scheinbare Schwächen, die wir Menschen angeblich haben. Das «angeblich» bezieht sich auf die Tatsache, daß hinter jeder menschlichen Schwäche auch eine Stärke verborgen ist – man muß eben nur die Kehrseite der Medaille erkennen. Trainieren Sie Ihr Weisheitsdenken einmal mit folgender Übung. Ich beschreibe Ihnen ein paar charakteristische Eigenschaften von einigen Personen – jedoch aus zwei Perspektiven:

Perspektive A: Jemand sieht die Person durch die Negativ-Brille.

Perspektive B: Jemand sieht die Person durch die Positiv-Brille.

Beispiel 1:

A: Jens ist so furchtbar aufbrausend und benimmt sich immer daneben.

B: Jens ist eine ehrliche Haut und sagt ganz offen, was er denkt. Man weiß immer, woran man mit ihm ist.

Beispiel 2:

A: Nadine ist immer so still und langweilig.

B: Nadine kann wunderbar zuhören und gibt einem immer das schöne Gefühl, wichtig zu sein.

Beispiel 3:

A: Dennis ist schrecklich unordentlich, und ihm fehlt jegliche Disziplin.

B: Dennis ist ein sehr individueller und äußerst kreativer Mensch.

Schreiben Sie sich jetzt einmal drei Ihrer angeblichen Schwächen im Sinne der A-Beschreibung auf. Sprechen Sie dabei über sich in der dritten Person, als würde jemand anderes die A-Beschreibung liefern. Dann setzen Sie darunter Ihre B-Beschreibung. Die Perspektive der von außen schauenden Person ist übrigens auch in vielen anderen Situationen sehr hilfreich, um über sich selbst konstruktiv nachzudenken.

A: _____

B: _____

A: _____

B: _____

A: _____

B: _____

Wenn Sie das Weisheitsdenken eine Weile trainieren, werden Sie schon nach kurzer Zeit wahrnehmen, daß Sie in Krisen nicht mehr so verzweifelt sind wie zuvor. Anstatt sich ganz ins mentale Schneckenhäuschen zu verkriechen, hält der «Weisheitsdenker» seinen Wahrnehmungswinkel geöffnet: Welchen Sinn macht dieses Erlebnis? Was habe ich daraus gelernt? Wo ist der Ausweg? Das Ergebnis kommt Ihnen bekannt vor: ein auf «Weitwinkel» eingestelltes Gehirn registriert wesentlich mehr Auswege aus Krisen oder kreative Lösungsmöglichkeiten. Somit erhöht sich die Wahrscheinlichkeit, wieder etwas Positives zu entdecken und Lebensqualität zurückzugewinnen.

Wort-Spinat

Auf dem Weg zum Weisheitsdenken gibt es eine ganz bestimmte Sorte von tückischen Stolpersteinen: das sind die sogenannten Beliefs oder Glaubenssätze, welche unser Leben unbewußt bestimmen. Hierbei handelt es sich um Annahmen, derer man sich völlig sicher ist, ohne sie je überprüft zu haben. Ein bekanntes Beispiel für die enorme Wirkkraft dieses Phänomens ist der Belief «Spinat ist gesund, weil er so eisenhaltig ist».

Heute weiß man, daß Spinat aufgrund eines Kommafehlers zu diesem Ansehen kam, das ihm dann zum Siegeszug durch viele Länder auf Milliarden von Kindertellern verhalf. Tatsächlich hat Spinat nur 0,05 Milligramm Eisen pro 100 Gramm Menge. Ende des letzten Jahrhunderts sollte diese Zahl in einem Buch abgedruckt werden. Irgend jemand vergaß beim Schreiben eine Null und verhalf dem Spinat so zu einem Eisengehalt von 0,5 Milligramm Eisen pro 100 g, wodurch er quasi über Nacht zum eisenhaltigsten Gemüse weit und breit aufstieg.

Heute weiß man, daß Spinat gerade vom kindlichen Organismus viel schwerer verdaut wird als andere Gemüsesorten. Außerdem darf Spinat – ähnlich wie

Pilze – nicht mehrmals erwärmt werden, denn dabei entwickelt er schädliche Stoffe. Doch überlegen Sie einmal, wie man früher kochte: Da hat man nicht für jedes Kleinkind Spinat frisch zubereitet, sondern man wärmte ihn immer wieder auf. Instinktsicher spürten Millionen von Kindern, daß ihnen ein schwer verdauliches, nahezu giftiges grünes Zeug angeboten wurde, und reagierten mit Spucken, Würgen und Essensverweigerung.

Unsere Glaubenssätze bestimmen unsere Wahrnehmung

Und hier setzt die wundersame Kraft von Glaubenssätzen ein: Obwohl die meisten Kinder so reagierten, glaubten Eltern und Großeltern unerschütterlich an das Wundergemüse. Sie waren fest davon überzeugt, daß ihre Kinder einfach falsch reagierten, und sie dachten sich alle möglichen Tricks aus, um ihren Kindern den gesunden Stoff doch noch irgendwie einzuflößen. Einer der netteren Versuche war die Erfindung des amerikanischen Comic-Helden Popeye, der seine Muskelkraft stets mit Spinat aufpeppte. Der Kommafehler wurde übrigens schon in den dreißiger Jahren von einem deutschen Wissenschaftler entdeckt. Er publizierte sofort seine Erkenntnis, aber niemand interessierte sich dafür. Denn so leicht läßt sich die Menschheit ihre Beliefs nicht wegnehmen.

Es gibt nun eine Reihe von Beliefs zum Thema Lebensmanagement, die ebenso schwer verdaulich und ungenießbar wie mehrmals erwärmter Spinat sind. Diese Beliefs hindern Menschen oft daran, sich aus Lebenskrisen wieder herauszuarbeiten, und können sogar einen so schädlichen Einfluß ausüben, daß jemand an seinem Schicksal zerbricht. Ich nenne hier einige Beispiele:

«Den Vogel, der morgens singt, holt abends die Katz'.»

«Freu dich nicht zu früh, das dicke Ende kommt bestimmt.»

«Wer A sagt, muß auch B sagen.»

Allein diese drei Sätze sind schon geballte Unglücksbringer. Die ersten beiden suggerieren beispielsweise, daß es logisch und richtig ist, wenn man Unglück oder Pech erlebt. Schließlich hat man sich ja zuvor auch gefreut – oder am Ende gar noch gesungen. Aus diesem Grund fühlen sich viele Menschen sogar schuldig an Ereignissen, die sie gar nicht zu verantworten haben. So grübelte einer unserer arbeitslosen Klienten verzweifelt darüber nach, warum er entlassen wurde. Immer wieder fragte er sich, was er falsch gemacht habe. Er kam nie auf die Idee, daß seine Firma ihn schlicht aus nahezu menschenverachtenden Gründen wegrationalisiert hatte. Die Last der vermeintlich eigenen Schuld lähmte seinen ganzen Lebensmut. Erst als wir  klären konnten, daß er hundertprozentig «unschuldig» war, rappelte er sich wieder auf. «Ich habe durch meine Erziehung mein Leben lang immer gedacht, daß ich garantiert etwas falsch gemacht habe, wenn mir etwas Schlimmes passiert. Auch wenn ein Lehrer mich ungerecht behandelte, sagten beide Eltern sofort: ‹Der wird schon wissen, warum er das sagt.

Dann hast du wohl irgend etwas falsch gemacht›», erinnerte sich dieser Mann.

Einschränkende Beliefs laufen unbewußt und automatisch in uns ab – Jahre und Jahrzehnte. Da ist doch
die Überlegung angebracht, warum wir diese Auto-
matismen in unseren Köpfen nicht auch einmal einem
TÜV unterziehen. Ein Auto beispielsweise muß in unserem Land alle zwei Jahre zum TÜV, damit überprüft
wird, ob es noch gut und sicher läuft. Schreiben Sie
sich doch einmal – und wenn es nur für eine Woche ist
– innere Sätze auf, nach denen Sie sich ausrichten. Legen Sie sich dazu ein extra Heft an. Setzen Sie sich in
Ruhe hin, und hinterfragen Sie einmal den Sinn und
den Nutzen Ihrer inneren Leitsätze.

Nehmen wir als Beispiel den Satz: «Wer A sagt, muß
auch B sagen.» Stimmt das denn uneingeschränkt?
Kann man in bestimmten Lebenssituationen nicht
auch zu der Einstellung sagen: «Ich habe zwar A
gesagt, aber jetzt erkenne ich, daß es falsch war, A zu
sagen?» Prüfen Sie, ob Ihre Beliefs nicht einige Rost-
stellen aufweisen oder ob es sich bei ihnen «um Spinat» handelt: Vielleicht sind sie gar nicht so gesund,
sondern einem wird nur schlecht davon! In diesem
Sinne habe ich neulich in einer Zeitung einen ganz
wunderbaren «Gedanken-TÜV» gelesen, der sinn-
gemäß lautete: «Der Klügere gibt nach. Das ist wohl
auch der Grund dafür, daß die Welt so oft von Dum-
men regiert wird.»

TÜV für automatische Gedanken

Ein weiterer Belief-Check besteht in der Suche nach Pseudo-Verboten und Schein-Gesetzen, die uns innerlich regieren. Im NLP sagt man, daß es den «Notwendigkeits-» und den «Möglichkeiten-Filter» gibt. Notwendigkeiten enthalten in ihren Aussagen auch entsprechende Wörter: «Muß», «Soll» usw. Es gibt in der Tat eine Reihe von Notwendigkeiten in unserem Leben. So ist es sicherlich ratsam, beim Bäcker auch sein Brot zu bezahlen, anstatt es zu stehlen. Man bekäme tatsächlich einen Riesenärger, wenn man sich nicht an diese Notwendigkeit hielte. Aber was ist mit inneren Sätzen, die uns beispielsweise sagen: «Ich muß jedem gefallen!»?

Sollte ein derartiges «Muß» in Ihrem Kopf umherschwirren, stellen Sie bewußt TÜV-Fragen: «Wer sagt das eigentlich? Ist das wirklich ein Gesetz? Welcher Richter hat mich dazu verurteilt, daß ich jedem Menschen auf der Welt gefallen muß?» Sie werden schnell merken, wie unglaubwürdig Ihnen ein derartiger Satz nach einem Gedanken-TÜV vorkommt. Probieren Sie nun einmal den «Möglichkeiten-Filter», indem Sie nur sagen: «Es wäre schön, wenn ich vielen Menschen gefiele.» Dann treibt es Ihnen nicht gleich den Schweiß auf die Stirn, wenn ein Mitmensch Sie einmal ablehnend anguckt. Sie können es dann auch viel bewußter genießen, wenn Sie eine positive Begegnung erleben.

Das Geheimnis des Optimisten besteht darin, daß er die Welt in ihren Möglichkeiten erlebt. Er sagt sich beispielsweise nicht verbissen: «Ich muß um jeden Preis Glück haben.» Dann würde er auch schon das kleinste Pech als eine persönliche Niederlage erleben, sich mental und körperlich verkrampfen und somit in den Ihnen schon bekannten Teufelskreislauf von negativen Gedanken und Erlebnissen geraten. Viel offener wirkt ein Satz wie: «Ich glaube daran, daß ich viel Glück in meinem Leben habe.»

Schreiben Sie bitte einen «Möglichkeiten-Satz» für Ihr persönliches Glück auf. Besorgen Sie sich dann aus dem Schreibwarengeschäft bunte Klebe-Pünktchen. Bringen Sie diese Punkte überall im Alltag an: am Badezimmerspiegel, auf dem Lichtschalter, auf der Hupe Ihres Autos usw. Wann immer Sie jetzt auf so einen Punkt schauen, sagen oder denken Sie Ihren persönlichen Glückssatz. Mit dieser einfachen Mental-Technik speichert das Gehirn Ihren Satz als neuen automatischen Gedanken ab. Auf diese Weise haben wir das Einmaleins gelernt. Suchen Sie sich jede Woche einen weiteren Optimisten-Satz aus, den Sie verinnerlichen wollen. Einige unserer Klienten haben sich zur Inspiration für ihre persönliche «Optimisten-Belief-Sammlung» extra ein Stichwort-Buch gekauft. Wäre das nicht auch für Sie eine lohnende Investition?

Das optimale Ziel

Viele «Muß»- und «Soll»-Sätze bergen ein ganz spezielles Unglückspotential in sich: Sie erheben Forderungen, die man kaum oder gar nicht erfüllen kann. Zunächst möchte ich hier nochmals betonen, daß das NLP ein zielorientierter psychologischer Ansatz ist. Man analysiert nicht endlos vergangene Lebensereignisse, sondern mobilisiert seine Kreativität und brachliegenden Kraftquellen, um die Zukunft positiv zu gestalten. Denn die Zukunft ist die einzige «Zeitsorte», auf die wir einen Einfluß haben. Doch unsere Lebensziele müssen wir so wählen, daß sie «selbst initiierbar und aufrechterhaltbar sind».

Man kann z. B. durchaus davon träumen, reich zu werden. Das ist zwar ein hohes Ziel, aber mit viel Glück, guten Ideen und Talent kann der Traum in Erfüllung gehen. Es empfiehlt sich jedoch nicht, sich als festes Lebensziel einen Hauptgewinn im Lotto vorzunehmen. Denn die Kugeln werden Sie durch Ihre eigenen Möglichkeiten nicht beeinflussen können. Ebenso aussichtslos wäre der Wunsch: «Ich möchte, daß andere Leute mir immer viel Geld geben», denn auch hier wird nicht deutlich, worin Ihr Anteil an diesem Geldsegen bestehen soll. Denn Sie können in diesem

Punkt nur an sich selbst arbeiten und nicht andere zwingen, Ihren Wunsch zu erfüllen – es sei denn, Sie werden Bankräuber. In diesem Fall ist es z. B. ein sinnvolles Ziel, das eigene Kommunikationsverhalten oder Ihr berufliches Können zu verbessern. Auf diese Weise steigt die Wahrscheinlichkeit, daß Sie die Sympathie und Anerkennung Ihrer Mitmenschen gewinnen, die dann wiederum einen positiven Einfluß auf Ihren Geldwunsch haben könnten.

Suchen Sie sich realistische Ziele

Warum machen uns Ziele, die völlig außerhalb der eigenen Einflußmöglichkeit liegen, unglücklich? Weil man überhaupt keine Fortschritte erlebt und täglich ohnmächtig vor dem Scheitern steht. Ich möchte Ihnen das mit einem Beispiel verdeutlichen. Meine Körpergröße beträgt 1,53 m und ich wiege dabei 51 kg. Wenn ich dieses Buch fertiggeschrieben habe, möchte ich in Urlaub fahren. Nun könnte ich mir vornehmen, bis dahin noch schnell 2 kg abzunehmen, weil ich dann im Bikini besser aussehe. Das wäre durchaus zu schaffen. Und wenn ich nun abgenommen habe, stelle ich mich vor den Spiegel und sage zu mir: «Das sieht ja schon ganz gut aus – aber viel besser wäre ja noch, wenn ich jetzt noch 1,75 m groß wäre!» Von diesem Moment an wäre mein Unglück programmiert. Ich könnte kein einziges Erfolgserlebnis haben. Das würde mich irgendwann chronisch deprimieren.

Stellen Sie sich einmal einen großen Festsaal mit 100 Personen vor. Jemand wird 50 Jahre alt, und es werden eine Reihe von Reden gehalten. Einer unserer

Redner stellt sich locker und fröhlich vor die Gäste und trägt im munteren Plauderton seinen Text vor. Der nächste Rednerkandidat hingegen ist schon stunden vor seiner Rede nervös, wischt sich ständig den Schweiß von der Stirn, kann vor Aufregung nicht essen. Beim Vortrag wird er abwechselnd rot und blaß, spricht mit zitternder Stimme und sinkt, nachdem er dieses Trauma überlebt hat, erschöpft auf den Stuhl.

Offensichtlich sind bei beiden Rednern in derselben Situation innerlich völlig verschiedene Programme abgelaufen.

Erinnern Sie noch einmal den «Muß»-Satz aus dem Kapitel zuvor: «Ich muß jedem gefallen.» Unser nervöser Redner wird von genau diesem Belief beherrscht. Das schlimme ist aber: Man kann gar nicht jedem Menschen gefallen! Jeder Mensch hat eine andere Lebensgeschichte mit einer ganz eigenen Prägung. Daher kann es sein, daß der eine meine Nase toll findet, und der nächste findet sie entsetzlich. Daran kann ich nichts ändern. Das kann passieren! Ein hundertprozentiges Sympathie-Ergebnis durch alle Anwesenden gibt es nicht. Wenn wir uns unter 100 Leuten auf ein schlechtgelauntes Gesicht fixieren, sind wir wie gelähmt und registrieren gar nicht, wer positiv auf uns reagiert.

Dem fröhlichen und unbekümmerten Redner hingegen reichen schon 50 Prozent gutmotivierte Gesichter, um sich erfolgreich zu fühlen. Und in der Tat ist es ein großer Erfolg, wenn einem 50 Prozent der Anwesenden ein positives Feedback geben. Kein Wunder also, daß ein Mensch mit den Beliefs «Es wäre schön, wenn ich vielen Leuten gefalle» und «Es kann und darf passieren, daß ich einmal jemandem nicht gefalle – denn ich kann es nicht jedem Menschen recht machen» wesentlich entspannter ist.

Formulieren Sie Ihre Wünsche positiv

Überprüfen Sie also bei Lebenszielen und -wünschen immer wieder, ob Sie überhaupt eine Chance haben, eigenen Einfluß zu entfalten. Wenn nicht – suchen Sie sich ein neues Ziel. Denken Sie eine Zeitlang darüber nach, und schreiben Sie sich einen Lebenswunsch auf. Er kann gern groß und anspruchsvoll sein. Wählen Sie aber eine Formulierung, die etwas über Ihre eigenen Kräfte und Möglichkeiten aussagt. Schreiben Sie nicht: «Ich wünsche mir, daß mein Mann nie einen Seitensprung macht», sondern: «Ich wünsche mir, daß ich mich aus mir selbst heraus schön und begehrenswert fühle.» Was hat das nun mit Ihrem Mann zu tun? Er wird auf diese Weise in Ihren Engelskreislauf hineingezaubert: Sie bekommen aufgrund Ihres Selbstwertgefühls eine positive Ausstrahlung, er fühlt sich angezogen und hat gar keine Lust auf einen Seitensprung.

Notieren Sie sich hier einen wichtigen Lebenswunsch:

_____

_____

Als nächstes möchte ich Sie bitten, Ihren Lebenswunsch in mindestens fünf Teilziele aufzufächern. Denn wenn der Wunsch zu groß ist, könnten Sie sich selbst in der Vorstellung damit lähmen. Kleine Teilziele hingegen sind einzeln und in kleinen Schritten erreichbar und geben Ihnen immer wieder das optimistische Gefühl, Ihrem Wunsch näher zu kommen. Sie können sich auch entscheiden, täglich eine Kleinigkeit zu tun oder zu erledigen, die Sie Ihrem Lebenswunsch näher bringt. Ihre bereits trainierten Optimisten-Filter werden Ihnen täglich viele kleine Bestätigungen für die Erfüllung Ihres Lebenswunsches zukommen lassen. Meine Klientin Ruth beispielsweise wünschte sich sehnlichst den Job einer Chefsekretärin und fühlte sich gleichzeitig meilenweit von diesem Ziel entfernt. Mit meiner Hilfe entwickelte sie fünf Teilziele, wovon eines der sichere Umgang mit dem PC war. Sie fing an, für einen eigenen Computer zu sparen, um dann zu Hause täglich üben zu können. Die Beschäftigung mit diesem Teilziel gab ihr das unmittelbare Erlebnis von kleinen, aber realen Fortschritten: «Jetzt habe ich das Gefühl, es passiert etwas, das gibt mir genau die richtige Motivation, mein Ziel mit einem optimistischen Gefühl weiterzuverfolgen», erklärte Ruth den Effekt der Teilziele-Strategie.

Probieren Sie jetzt einmal aus, Ihr zuvor genanntes Ziel ebenfalls in fünf Teilziele aufzufächern:

Durch kleine Schritte kommen Sie schneller ans Ziel

Meine fünf Teilziele

1. _____ Wann erreicht? _____
Was tue ich dafür? _____

2. _____ Wann erreicht? _____
Was tue ich dafür? _____

3. _____ Wann erreicht? _____
Was tue ich dafür? _____

4. _____ Wann erreicht? _____
Was tue ich dafür? _____

5. _____ Wann erreicht? _____
Was tue ich dafür? _____

Übrigens, gerade die Frage: «Was tue ich dafür?» ist mit eines der wichtigsten Glücksgeheimnisse. Die sogenannte Glücksforschung hat nämlich festgestellt, daß die positiven Lebensgefühle nicht durch passives Erleben, sondern durch Taten entstehen.

Der Motivationsfilter

Man unterscheidet im NLP zwei Motivationsfilter: den Filter «Hin zu» und den Filter «Weg von». Der Optimist benutzt mit Vorliebe den «Hin zu»-Filter. Er entwickelt ein umfassendes Bewußtsein für Ziele, die er erreichen möchte. Alle Handlungen und Ereignisse werden mit der Frage bewertet: «Wie nah komme ich damit an mein Ziel heran?» Umgekehrt gibt es viele Menschen, deren Gedanken sich ängstlich um mögliche Katastrophen drehen. Auch hier spielt die Gedankenkraft eine große Rolle: Man malt sich mit allen Sinnen aus, was Schlimmes passieren könnte, und richtet sein Handeln auf die Vermeidung des Unglücks aus.

Im ersten Teil dieses Buches haben Sie bereits gelesen, daß unser Gehirn Schwierigkeiten hat, mit einem «Nein» oder einem «Nicht» umzugehen. Wenn es sich mit einer Angstvision beschäftigt, produziert es unangenehme und ängstliche Gefühle, die unsere Kreativität blockieren. Außerdem weiß es dann nicht, was es statt dessen in unserem Leben organisieren soll und worauf die Wahrnehmungsfilter ausgerichtet werden müssen.

Ich hatte z. B. einmal eine Klientin, die eine sehr reiche

Fabrikbesitzerin war. In ihrer Kindheit hatte sie miterlebt, wie ihre Eltern einen Bankrott hinnehmen mußten. In ihr entstand deshalb schon früh der feste Wille, «nie wieder arm» zu sein. Das führte dazu, daß sie ihren Reichtum gefühlsmäßig völlig ignorierte. Jeder noch so kleine Verlust oder Mißerfolg hingegen löste einen regelrechten «Verarmungswahn» in ihr aus. Sehen Sie sich dazu einmal die Abbildung auf Seite 76/77 an.

Trotz ihres Wohlstandes hatte diese Frau nur Armut im Visier. Sie konnte nicht registrieren, daß sie sich schon seit langem im sicheren Bereich bewegte. Sie interpretierte ihren Reichtum als «weit weg von der Armut», aber nicht als «finanzielle Sicherheit».

Selbstverständlich verminderte ein Mißerfolg, wie z. B. der Verlust eines Kunden, die Nähe zum Reichtum – aber in ihrem Fall nur minimal. Sie nahm diese minimale Bewegung jedoch verstärkt wahr. Die zweite Abbildung zeigt Ihnen ganz deutlich den Nutzen des «Hin-zu-Filters».

Doch auch beim «Hin-zu-Filter» kann es zu Komplikationen kommen, wenn wir unser Leben ausschließlich dadurch betrachten. Denken Sie daran, daß der Optimist ein Realist ist: Er würde nie bei einem halbvollen Wasserglas behaupten, daß es bis oben hin gefüllt sei. Ein Optimist ist kein Mensch, der sich eine Lebenslüge aufbaut. Als optimale Motivationskraft gilt im NLP eine positive Ausrichtung auf «Hin zu»-Ziele und Lebenswünsche, die «selbst initiierbar und aufrechterhaltbar» sind. Der realistische Optimist schaut sich dabei aber auch immer wieder die Schattenseiten oder negativen Ereignisse des Lebens an, um nicht blind in sie hineinzustolpern. Sie werden jedoch nicht zu seinem Lebensinhalt, sondern er berücksichtigt sie nur, wenn sie sein Ziel gefährden können.

Der Motivationsfilter

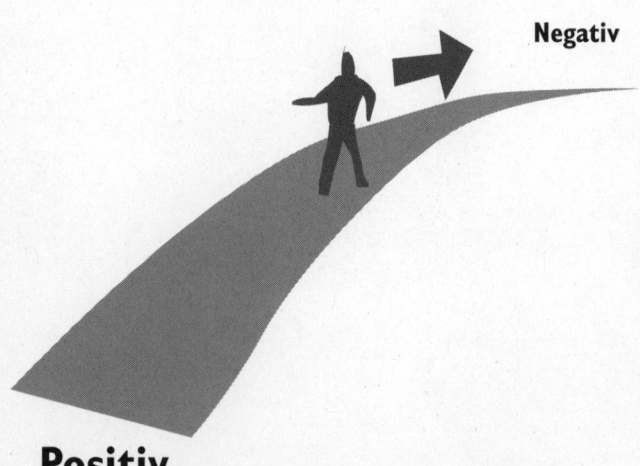

Negativ

Positiv

Unsere Wahrnehmung bestimmt unsere Reaktion.

Negativ

Positiv

Der Blick auf die vorhandenen Möglichkeiten erweitert unseren Wahrnehmungswinkel.

Der Beurteilungsfilter

Haben Sie sich schon einmal gefragt, wie zufrieden Sie mit sich und Ihrem Leben sind? Und haben Sie schon einmal analysiert, nach welchen Kriterien Sie Ihr Urteil fällen? Diese Beurteilungsfilter bestimmen in hohem Maße unsere subjektive Lebenszufriedenheit. Es gibt eine Reihe von unterschiedlichen Kriterien, die man für die Beurteilung der persönlichen Lage heranziehen kann. Der Optimist hat in der Regel mehrere Beurteilungsfilter zur Verfügung, die er je nach Lebenssituation unterschiedlich einsetzt. Dabei steht immer wieder die Frage im Vordergrund: Welcher Beurteilungsfilter bringt mich in einen Engelskreislauf?

Der Optimist beurteilt seine Lebensereignisse lieber von der Qualität als von der Quantität her. In unserer Gesellschaft ist die Beurteilung nach Quantität sehr verbreitet: Es geht um Zahlen und Prozente. Eine quantitative Frage wäre z. B.: «Über wie viele Kilometer ging unsere Fahrradtour?» Eine qualitative Frage lautet hingegen: «Was gab es bei der Fahrradtour zu sehen? Hat sie Spaß gemacht?» Bei der Qualität achtet man also auf Sinneswahrnehmungen, die nur schwer in Zahlen zu fassen sind. Ein quantitativer Beurteiler würde auf die letzte Frage wieder antworten: «Wir haben vier Störche und fünf Eichhörnchen gesehen – von den Eichhörnchen waren drei hellbraun und zwei dunkelbraun.» Ein qualitativer Beobachter würde sagen: «Wir haben ein paar Störche und etliche Eichhörnchen gesehen – es war faszinierend, die Tiere zu beobachten.» Dem einen ist es wichtig, «wieviel» passiert ist, und dem anderen, «was» passiert ist.

Hier einige Beispiele für quantitatives Erleben:

	Qualität	Quantität
Kleidung	Wie sieht sie aus?	Welche Marke?
		Wie teuer?
Arbeit	Macht sie Spaß?	Wieviel Gehalt?
Reisen	Was war	Wie viele
	faszinierend?	Museen?
		Wie viele Tauch-
		gänge?
Körper	Wie ist mein	Was wiege ich?
	allgemeines	Wieviel mißt mein
	körperliches	Taillenumfang?
	Wohlgefühl?	

Sie können schon an diesen einfachen Beispielen ersehen, warum der Optimist den «Qualitätsfilter» bevorzugt: Es ist viel einfacher, Glücksgefühle über Qualität und positives sinnliches Erleben wahrzunehmen. Zahlen hingegen sind tückisch: Sie behindern die persönliche Freiheit des individuellen Erlebens. Die Orientierung an Zahlen hat bei vielen Menschen jedoch einen ganz bestimmten Grund: Zahlen lassen sich vergleichen und sind ein scheinbar objektives Maß. Mit Zahlen kann ich meinen Wert überzeugender dokumentieren. Wenn ich sage: Ich verdiene 10 000 DM monatlich, bekomme ich eher Hochachtung, als wenn ich sage: «Ich bin Dichter.» In unserer Gesellschaft kommt dann gleich die Antwort: «Und kann man davon leben?» Das heißt eigentlich: «Und wieviel verdient man damit?»

Der Optimist vertraut seinem eigenen Urteil

Ich will damit keinesfalls behaupten, daß der Optimist Geld oder Reichtum nicht schätzt. Aber er benutzt diese Werte nicht, um sich von anderen messen zu lassen. Genaugenommen findet der Optimist es nicht übermäßig wichtig, wie andere über ihn urteilen. Er beurteilt lieber selbst, wie er sich und sein Schaffen findet. Dabei läßt er das Urteil anderer nicht außer acht: auch er sucht sich Berater. Nur würde ein Optimist sein Urteil nicht zugunsten einer anderen Meinung zurückstellen, ohne die Sichtweise der anderen gründlich zu prüfen. Es kann natürlich auch vorkommen, daß Selbsturteil und Fremdurteil übereinstimmen – warum nicht! Oder die Meinung des Beraters überzeugt ihn, dann kommt es eben zu einem neuen Selbsturteil. Aber sein Vertrauen in sein eigenes Urteil macht den Optimisten emotional unabhängig von Zahlen.

Ein weiteres Beurteilungskriterium besteht in der

«Kunst des Vergleichens». Womit vergleichen wir uns, wenn wir uns zufrieden oder verzweifelt fühlen? Optimisten wechseln ihre Sichtweisen je nach Lebenssituation. Im großen und ganzen gibt es jedoch nur zwei Möglichkeiten:

- den Vergleich mit anderen Menschen und
- den Vergleich mit sich selbst.

Beim Vergleich mit anderen Menschen gibt es wiederum zwei Möglichkeiten: Sie können sich mit Menschen vergleichen, die unter schlechteren Bedingungen als Sie leben, oder mit solchen, denen es besser geht als Ihnen. Die erste Möglichkeit hilft Ihnen, mit einer schwierigen Lebenssituation zurechtzukommen. Sie macht sie erträglicher. Sie nehmen die positiven Aspekte Ihres eigenen Lebens bewußter wahr und würdigen sie.

Eine meiner Klientinnen, die fünfundvierzigjährige Marianne, hatte überraschend ihren Mann verloren. «Einerseits will ich mich verkriechen und mich ganz meinem Schmerz hingeben, aber andererseits habe ich ja noch meine beiden Kinder, denen ich gerade in dieser schwierigen Lebenssituation beistehen muß und will.» Gemeinsam bauten wir ein Wahrnehmungstraining auf, das Marianne für die positiven Momente ihrer unmittelbaren Umgebung sensibilisierte. «Das war in den letzten Wochen immer mein Strohhalm», erzählte sie später: «Ich habe meine Kinder angeguckt

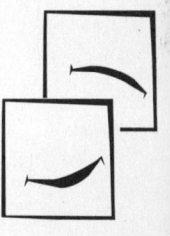

und gedacht: ‹Sie sind geistig und körperlich gesund.›
Morgens beim Aufwachen habe ich die Vögel singen
hören und mir gesagt: ‹Meine Ohren funktionieren,
ich bin nicht taub, ich kann diese Geräusche erleben.›
Ich habe mir wie in einem kitschigen Roman den Sonnenaufgang angesehen und bewußt gedacht: ‹Was
würde ein Blinder darum geben, das hier sehen zu
können.› Auf diese Weise habe ich mich immer weiter
aufgebaut.»

Es geht hier nicht darum, herzlos zu sich selbst oder
anderen zu sagen: «Reiß dich zusammen, du hast kein
Recht auf deinen Schmerz, anderen Menschen geht
es viel schlechter!» Nicht das Zusammenreißen ist
der Sinn dieser Wahrnehmungsstrategie, sondern das
positive Würdigen von dem, was da ist. Wenn man

das nicht immer wieder tut, geht es einem wie dem
Fußballstar, der depressiv wird, weil er statt 3 Millionen plötzlich nur noch 2,5 Millionen DM im Jahr verdient. Wenn Sie diesen Bewußtseinsfilter schon in
guten Zeiten pflegen, wird er Ihnen in Lebenskrisen
immer wieder Trost und Kraft geben.

Auch der Vergleich mit Menschen, denen es besser
geht als Ihnen, kann Ihnen Kraft geben. Hier gilt jedoch: Die Vorbilder müssen mit Ihnen vergleichbar
sein. Wählen Sie sich ein geeignetes Ziel: Wenn ich anfange, mich mit Claudia Schiffer zu vergleichen, wird
mich das eher unglücklich machen, weil dieses Vorbild zu weit von meinem Ist-Zustand entfernt ist. Suchen Sie sich immer Menschen als positives Modell,

die in bestimmten Punkten Ähnlichkeit mit Ihnen haben: ein ähnliches Alter, eine vergleichbare berufliche Ausbildung, ein ähnliches Aussehen usw. Wenn Sie so verfahren, können Sie viel von anderen Menschen lernen und sich positiv motivieren lassen.

Zum Schluß sei noch ein sehr wichtiger Beurteilungsfilter erwähnt, und zwar der Vergleich mit sich selbst. Dieser Vergleich ist angebracht, wenn Sie an sich selbst arbeiten, ob in Beruf, Gesundheit oder Beziehung. Dieser Filter wertet nicht unseren Ist-Zustand, sondern die Fortschritte, die wir machen. Haben Sie sich z. B. ein Bein gebrochen, ist es schon ein Fortschritt, wenn der Gips abkommt. Vergleichen Sie sich dann nicht mit einem Eiskunstläufer, der seine Beine noch viel besser als Sie jetzt bewegen kann. Vergleichen Sie sich in den Momenten des Fortschritts mit Ihrem persönlichen Ausgangszustand, in diesem Fall mit Ihrem Zustand, als Sie mit dem gebrochenen Bein stramm im Bett liegen mußten. Erst dann erleben Sie mit allen Sinnen Ihren ganz persönlichen Fortschritt und entwickeln das Gefühl weiterzukommen. Es dürfte Sie nicht verwundern, daß Optimisten diesen Filter ganz besonders gern benutzen.

Der Streßfilter

Jeder Mensch muß täglich mit Streß umgehen: da drängelt jemand in der U-Bahn, das Kind hat den Turnbeutel verlegt, man findet keinen Parkplatz, der Chef kritisiert einen – Sie wissen ja selbst, was so alles passieren kann. Ebenso wissen Sie, daß Menschen ganz unterschiedlich auf die «Nadelstiche» des Lebens reagieren: die einen flattern kopflos umher, andere werden bei Streß ganz ruhig und entpuppen sich in schwierigen Situationen als «Mental-Fakir».

Apropos Fakir: Sie wissen, daß ein Fakir durch Mentaltraining gelernt hat, Schmerzen ruhig und gelassen auszuhalten. Fakire gibt es sowohl in Asien als auch in Südamerika. Eine Gruppe von Forschern untersuchte vor einigen Jahren das «Fakir-Phänomen». Sie prüften mit medizinischen Meßgeräten, wie Fakire bei Schmerzreizen körperlich reagieren. Sie zeigen ganz andere Reaktionen als «normale» Menschen: ihr  Herz schlägt ruhig weiter, die Muskulatur bleibt locker, es zeigen sich keine der bekannten Streßsymptome, die sonst bei Schmerzen zu beobachten sind.

Nun wollte man natürlich herausfinden, mit welchen Strategien Fakire sich zu helfen wissen. An der Forschung beteiligte Psychologen fanden heraus, daß die meisten Fakire sich im Schmerz quasi von sich selbst entfernen. Sie sagen oder denken beispielsweise nicht: «Ich werde mit einem Messer gestochen», sondern sie sagen sich: «Der Mann dort hinten wird mit einem Messer gestochen.» Der Mann «da hinten» sind sie selbst. Der Fakir tritt quasi mit dem Bewußtsein aus seinem Körper heraus und schaut sich die Messer-Szene mit den Augen eines außenstehenden Beobachters an. Im NLP nennen wir diese Wahrnehmungsperspektive dissoziierte Wahrnehmung der eigenen Person. Auch wir benutzen diesen Fakir-Trick unbewußt, wenn wir z. B. sagen: «Ich sehe mich schon am Strand liegen.»

In schönen Momenten ist der Fakir-Trick oder die Dissoziation jedoch nicht empfehlenswert. Denn schöne Momente sollte man immer hautnah genießen und das Leben ganz nah an sich herankommen lassen. Diesen Zustand des «In-sich-Seins» nennen wir im NLP assoziierte Wahrnehmung bzw. Assoziation mit dem eigenen Selbst. Man kann nicht generell sagen, daß eine der beiden Perspektiven zu mehr Lebensqualität führt. Es kommt immer auf die jeweilige Situation an: die schönen Dinge des Lebens können wir im assoziierten Zustand am intensivsten genießen, in stressigen Momenten hilft uns die Dissoziation.

Erinnern Sie sich noch an den Witz von Paul und seinem Lotto-Gewinn. Unser Paul dissoziierte sich offensichtlich vom Erlebnis des Geldsegens und konnte deshalb keine Freude empfinden. Mit dem Gefühl von

Dissoziation und Assoziation

Die Dissoziation vermindert negative Gefühle.

Die Assoziation verstärkt positive Gefühle.

Leere, das ihn am dritten ereignislosen Tag befällt, assoziiert er sich hingegen vollständig und bekommt daher sichtlich schlechte Laune.

Wenn Sie sich als überzeugter Optimist immer wieder in Engelskreise hineinbegeben wollen, lernen Sie gezielt die Dissoziation im Streß. Wann immer es schwierig, anstrengend oder kribbelig wird, schauen Sie sich Ihre Situation mit den Augen des außenstehenden Betrachters an. Sagen Sie sich wie ein Fakir: «Nun will ich mir mal ansehen, was die Person da hinten für Schwierigkeiten hat.» Sie werden überrascht sein, wie sehr Sie dies erleichtert. Wir nennen  diese Perspektive im NLP auch oft die «Sachverständigen-Perspektive»: denn in der Dissoziation denken Sie sachlicher und lösungsorientierter. Üben Sie diese mentale Sichtweise einmal für ein paar Tage: auf dem Weg zur Arbeit, im Gespräch mit Kollegen oder Nachbarn, beim Arzt. Schon nach kurzer Zeit haben Sie Ihr Gehirn für diesen optimalen Streßfilter trainiert.

Doch wann immer schöne Momente in Ihrem Leben auftreten, kosten Sie diese voll aus. Nehmen Sie dann ein Bad in der Realität, und erleben Sie den positiven Augenblick assoziiert mit all Ihren Sinnen. Tanken Sie Ihr Glücksfeld auf!

Neue Impulse

Natürlich lesen Sie dieses Buch, um positive Impulse für Ihre Lebensgestaltung zu entdecken. Und sollten Sie den Zauber der Engelskreise durch dieses NLP-Training erleben – oder wiederfinden –, wird man Ihnen das auch ansehen: Optimisten haben nicht nur positive Gedanken, sondern auch eine positive Ausstrahlung. Vor allem durch Mimik und Körpersprache werden Sie anderen Menschen Ihre persönliche Sichtweise des Lebens offenbaren. Das geschieht zumeist durch unbewußte Signale: Pupillengröße, Durchblutung von Haut und Muskulatur, Atmung, Klang der Stimme usw.

Doch diese unbewußte Sprache wird von Ihren Mitmenschen sehr sensibel wahrgenommen. Aber so positiv Ihr Optimismus von Ihnen auch empfunden wird – Sie können nicht davon ausgehen, daß er zwangsläufig auf Ihre Mitmenschen abfärben wird. So mancher unserer Klienten hat im Zuge einer positiven Persönlichkeitsentwicklung unverhoffte oder sogar unangenehme Überraschungen mit seinen Mitmenschen erlebt. Anfangs werden die meisten Menschen in Ihrer Umgebung sich von Ihrer optimistischen Ausstrahlung «anstecken» lassen und sie

genießen. Sie sollten allerdings auch darauf achten, daß andere Sie nicht automatisch als wandelnden «Problemlöser» betrachten. Lassen Sie sich nicht wahllos vor den Schicksalskarren anderer Menschen spannen, sondern nehmen Sie vor allem die Gestaltung Ihres eigenen Lebensglücks ernst. Das bedeutet keinesfalls, daß ein Optimist zwangsläufig auch zum Egoisten wird. Wichtig ist nur, daß Sie neben der Sympathie und dem Mitgefühl für andere sich selbst nicht vergessen.

Der Optimist entfernt Energieblockaden

Es kann Ihnen auch passieren, daß Ihre Mitmenschen Ihre optimistische Ausstrahlung regelrecht ablehnen. Zum einen könnte Ihr offensichtliches Lebenskünstler-Talent so etwas wie Neid auslösen: «Du mit deinem ewigen Optimismus – das ist ja schrecklich», bekam einer unserer Klienten einmal von seinem Nachbarn zu hören. Im Kapitel über die Pessimisten haben Sie schon gelesen, daß einige Menschen sich mit dem Unglück der anderen trösten, nach dem Motto: «Es geht ja schließlich allen so.» Diese Art von Trost kann ein echter Optimist nicht mehr spenden, da er selbst dem Leben wesentlich mehr Glücksmomente entnimmt. Hüten Sie sich in einem solchen Fall davor, zum Missionar zu werden und allen zum Lebensglück verhelfen zu wollen. Der wahre Optimist beißt sich nicht die Zähne an Lebensumständen aus, die nicht zu ändern sind. Und solange ein Mensch sich nicht tatsächlich verändern will, nützen Ihre Überzeugungskünste und Ihr Optimismus nichts. Pessimismus oder chronisch schlechte Laune empfinden viele Menschen wie ein warmes Bett, aus dem sie einfach nicht aufstehen mögen – lassen Sie sie einfach dort drin, es ist ihre Entscheidung!

Es kann einem Optimisten auf dem Glücksweg sogar passieren, daß dieser Weg ihn von manchen Menschen trennt. Das kann im Leben immer passieren, wenn miteinander vertraute Menschen eine unterschiedliche Persönlichkeitsentwicklung durchmachen. Man wird sich fremd, weil man in den Köpfen nicht mehr die gleiche Welt teilt. Hier heißt es dann: Loslassen können! Denn je mehr Sie mit einer derartigen Entfremdung hadern, desto eher blockieren Sie Ihre Energien für die Begegnung mit neuen Menschen, mit Personen, die viel besser zu Ihrem neuen Stand der Persönlichkeitsentwicklung passen. Die 60jährige Elsbeth erzählte uns: «Als vor einigen Jahren mein Mann verstarb, war das natürlich ein Schlag. Aber dann fand ich Anschluß an eine Theatergruppe, besuchte Esoterik-Kurse und lernte ganz neue Menschen kennen. Heute zähle ich sogar viele jüngere Leute zu meinem Freundeskreis. Und plötzlich merkte ich, daß ich gar nicht mehr in den Kreis meines langjährigen Kaffeeklatsch-Kränzchens hineinpaßte. Ich langweilte mich bei den Themen – und meine Freundinnen schüttelten mitleidig den Kopf, wenn ich über meine neuesten Hobbys erzählte. Es hat einige Zeit gedauert, bis ich diese Entwicklung in meinem Leben akzeptieren konnte. Heute weiß ich: Ich kann noch

im höchsten Alter neue, interessante Menschen ken-
nenlernen, wenn ich geistig offen und optimistisch
bleibe.»

Optimismus beflügelt

Optimismus hat eine positive Wirkung auf Ihr gesamtes Leben – dazu gehört natürlich auch das Lebensalter. Denn gerade zum Thema «Alter» gibt es in unserer Gesellschaft eine ganze Reihe von pessimistischen «Spinat-Glaubenssätzen», die Alter und Krankheit provozieren, anstatt Gesundheit und Lebensqualität zu fördern. Ich möchte Ihnen diesen Zusammenhang mit einem Beispiel erläutern.

Vor einigen Jahren haben Forscher im interkulturellen Vergleich die geistige Verfassung von verschiedenen Völkern einander gegenübergestellt. Besonders interessant fiel der Vergleich von Amerikanern und Chinesen aus. Bei vierzig- und fünfzigjährigen Amerikanern und Chinesen gibt es keinen nennenswerten Unterschied im Intelligenztest. Doch ab dem 60. Lebensjahr beginnt eine bemerkenswerte Differenz, und Hochbetagte dieser beiden Volksgruppen unterscheiden sich dann erheblich: alte Chinesen schnitten nämlich im Durchschnitt beim Intelligenztest wesentlich positiver ab als alte Amerikaner, die mit zunehmendem Alter deutlich geistige Kräfte abbauen. Wie kann man diesen Unterschied erklären?

Die Antwort liegt in der sehr unterschiedlichen Vorstellung von alten Menschen, die Chinesen und Amerikaner unbewußt verinnerlicht haben. Schon kleine amerikanische Kinder haben ein Bild von gebrechlichen, tüteligen oder gar kranken alten Menschen im Kopf. Chinesen hingegen glorifizieren das Bild des alten Menschen: alte Leute gelten als weise, sozial attraktiv und ausgeglichen. Hier setzt nun ganz einfach das Phänomen der «Self-fulfilling Prophecy» ein: Man entwickelt sich im Alter entsprechend des Bildes, das man schon als junger Mensch im Kopf trug. Der Mechanismus greift schon früh. Wenn beispielsweise ein vierzigjähriger Amerikaner eines Tages seinen Autoschlüssel verlegt, setzt sofort die Alzheimer-Phobie ein: «So ein Mist, jetzt werde ich alt, es geht los mit der Vergeßlichkeit.» Hierzu muß man aber wissen, daß es kaum eine vergeßlichere Altersgruppe als Kinder gibt: Turnbeutel werden verlegt, Schulbrote vergessen, Einladungszettel zum Elternabend verschwinden auf Nimmerwiedersehen – doch würde bei so jungen Menschen noch niemand von einem altersbedingten Gedächtnisschwund reden. Doch ab vierzig wird dieses bisher natürliche Phänomen als beängstigender Altersvorbote interpretiert. Stellen Sie sich nun vor, jemand fragt diesen Kandidaten, ob er Lust hätte, an einem Karate-Kurs teilzunehmen. Er wird nun antworten: «Das bringt in meinem Alter nichts mehr, ich werde schon vergeßlich, und bei Karate muß man ja so viel Neues lernen.» Sie kennen den Effekt schon: Das Bild des starren alten Menschen im Kopf fängt

Schaffen Sie sich Ihren persönlichen Engelskreislauf

an, gelebte Wirklichkeit zu werden – nach dem Motto: «Hat sowieso keinen Zweck.» Und dann wird das Leben tatsächlich eintöniger und ungesünder.

Stellen Sie sich nun einen vierzigjährigen Chinesen vor, der das Bild des positiven, dynamischen Alterns im Kopf hat. Dieser Chinese hat eines Tages irgendeinen guten Einfall. Und er sagt sich: «Schließlich bin ich ja schon vierzig! Das war jetzt bestimmt der Vorbote meiner beginnenden Weisheit.» Dieser Gedanke beflügelt ihn, motiviert ihn zu neuen Aktionen und führt real dazu, daß der Geist dieses Chinesen immer aktiver und wacher wird – was wiederum auch eine gute Voraussetzung für körperliche Gesundheit ist.

Entsprechend diesem Beispiel möchte ich Sie bitten, sich zum Abschluß dieses Buches einmal ein lebhaftes optimistisches Bild von Ihrem persönlichen Alters-Ich zu machen: geistig wach, körperlich gesund, interessiert und noch voller Lebensfreude. Vielleicht suchen Sie auch nach echten Vorbildern: Denken Sie an Agatha Christies Miss Marple oder an den Schauspieler Burt Lancaster, der noch im hohen Alter äußerst attraktiv war und faszinierende Filme drehte. Lassen Sie sich von diesen Beispielen bei der Suche nach einem persönlichen Zukunftsbild inspirieren. Je früher Sie sich diese Altersvision aufbauen, desto eher wird Ihr Gehirn für Sie und Ihr Leben Engelskreise finden, die diese optimistische Vision dann auch real verstärken. Ihre Wahrnehmungsfilter sind jetzt so gut geschult, daß Sie immer mehr ermutigende Hinweise auf dieses positive Altersbild bekommen, die dann Ihre körperlichen und geistigen Kräfte permanent auftanken.

Und vielleicht sagen Sie dann noch im hohen Alter voller Zufriedenheit: «Optimist werden, Optimist bleiben!»